Morar em Portugal

Morar em Portugal

IMPACTOS FISCAIS PARA BRASILEIROS QUE EMIGRAM

2021

Poliana Ribeiro Pires Simas

ALMEDINA

MORAR EM PORTUGAL
IMPACTOS FISCAIS PARA BRASILEIROS QUE EMIGRAM

AUTOR: Poliana Ribeiro Pires Simas

DIRETOR ALMEDINA BRASIL: Rodrigo Mentz
EDITORA JURÍDICA: Manuella Santos de Castro
EDITOR DE DESENVOLVIMENTO: Aurélio Cesar Nogueira
ASSISTENTES EDITORIAIS: Isabela Leite e Larissa Nogueira

REVISÃO: Marco Rigobelli
DIAGRAMAÇÃO: Almedina
DESIGN DE CAPA: FBA

ISBN: 9786556274164
Dezembro, 2021

Dados Internacionais de Catalogação na Publicação (CIP)
(Câmara Brasileira do Livro, SP, Brasil)

Simas, Poliana Ribeiro Pires
Morar em Portugal : impactos fiscais para brasileiros que emigram / Poliana Ribeiro Pires Simas. -- 1. ed. -- São Paulo : Almedina, 2021.

Bibliografia.
ISBN 978-65-5627-416-4

1. Brasil - Emigração e imigração - Portugal 2. Brasileiros - Condições sociais - Portugal 3. Brasileiros - Portugal 4. Emigração e imigração - Regulação 5. Fiscalização tributária 6. Imigrantes - Portugal I. Título.

21-89069 CDU-34:336.2-054.72(469:81)

Índices para catálogo sistemático:

1 Brasileiros : Emigração e imigração : Portugal : Direito tributário 34:336.2-054.72(469:81)

Cibele Maria Dias - Bibliotecária - CRB-8/9427

Este livro segue as regras do novo Acordo Ortográfico da Língua Portuguesa (1990).

EDITORA: Almedina Brasil
Rua José Maria Lisboa, 860, Conj.131 e 132, Jardim Paulista | 01423-001 São Paulo | Brasil
editora@almedina.com.br
www.almedina.com.br

"Na minha opinião existem dois tipos de viajantes: os que viajam para fugir e os que viajam para buscar."

Érico Veríssimo

AGRADECIMENTOS

Em minha trajetória pessoal há tantos motivos para agradecer que é fundamental aproveitar todo e qualquer espaço reservado para esse momento.

Por isso, gostaria de deixar registrada a minha gratidão a Deus pela bênção recebida na forma do prazer de aprender e escrever, à minha família, especialmente meu amado esposo Vinicius, minha querida mãe Walquiria e minha querida tia-mãe Marilene, por caminharem ao meu lado de mãos dadas, sonhando os meus sonhos junto comigo e me ajudando sempre a superar todas as dificuldades.

Aos meus amigos, especialmente Shirley, Patrizia e João, pelo incentivo, torcida e paciência durante todo o período de ausência.

Ao Insper, pela experiência singular na propagação do conhecimento em que cada aula, cada troca de experiências e aprendizado compreende um divisor de águas na carreira acadêmica e profissional daqueles que têm a grande oportunidade de serem alunos dessa Instituição.

A todos os meus professores, com especial atenção ao meu orientador, o Professor Régis Fernando de Ribeiro Braga e aos Professores Marcelo Fonseca Vicentini e José Eduardo Tellini Toledo que compuseram a minha banca examinadora. Foi uma honra vivenciar essa experiência ao lado de profissionais tão competentes e que eu tanto admiro.

A cada um dos autores citados nesse trabalho, pela generosidade em partilhar conteúdos tão enriquecedores e fomentar o desenvolvimento da pesquisa que tanto contribui para a sociedade e a ciência jurídica como um todo.

A todos aqueles que acreditaram em meu potencial e contribuíram direta ou indiretamente para que eu pudesse chegar até aqui.

Muito obrigada.

LISTA DE ABREVIATURAS

BACEN — Banco Central do Brasil
ART. — Artigo
CARF — Conselho Administrativo de Recursos Fiscais
CDB — Certificado de Depósito Bancário
CDE — Conta de Domiciliado no Exterior
CF — Constituição Federal
CPF — Cadastro de Pessoas Físicas
CRS — *Common Reporting Standard*
CTN — Código Tributário Nacional
CVM — Comissão de Valores Mobiliários
DERCAT — Declaração de Regularização Cambial e Tributária
DARF — Documento de Arrecadação de Receitas Federais
DIRFP — Declaração do Imposto sobre a Renda da Pessoa Física
FATCA — *Foreign Account Tax Compliance Act*
IN — Instrução Normativa
IOF — Imposto sobre Operações Financeiras
IR — Imposto de Renda
IRS — *Internal Revenue Service*
ITCMD — Imposto sobre Transmissão *Causa Mortis* e Doação
NIF — Número de Identificação Fiscal
OCDE — Organização para a Cooperação e o Desenvolvimento Econômico
PGBL — Plano Gerador de Benefício Livre
RDE — Registro Declaratório Eletrônico
RERCT — Regime Especial de Regularização Cambial e Tributária
RET — Regime Especial de Tributação
RFB — Receita Federal do Brasil

RIR/2018 — Regulamento do Imposto de Renda de 2018
RNH — Regime do Não Residente Habitual
STJ — Superior Tribunal de Justiça
SFN — Sistema Financeiro Nacional
TIR — Transferência Internacional em Real
VGBL — Vida Gerador de Benefício Livre

SUMÁRIO

1. INTRODUÇÃO

O Brasil, que antes foi o berço acolhedor de portugueses, italianos, japoneses e outros povos das mais diversas nacionalidades e etnias, hoje presencia uma realidade muito diferente de tempos atrás, pois a cada dia que passa o desejo de viver uma experiência no exterior, de residir em outro país de forma definitiva, vem se tornando mais presente nos sonhos e projetos de brasileiros de múltiplas faixas etárias e diferentes classes sociais, não somente das mais abastadas.

O que mudou? Poderia ser essa uma boa pergunta, mas talvez seja mais adequado questionar: o que não mudou ao longo de todo esse tempo e deixou de atender às expectativas dessa geração? Talvez esse rompimento do desejo de permanecer não seja superficial como aquele velho ditado de achar a grama do vizinho sempre mais verde. Afinal, todos os países possuem problemas estruturais a serem resolvidos, uns com maior gravidade, outros com melhor preparo e gestão. No entanto, a falta de perspectiva e de sinais concretos de melhora no cenário econômico, político e social tem sido preponderante para a existência de números tão altos.

Em pesquisa recente[1], realizada no ano de 2018 pelo Instituto Data Folha, constatou-se que dos 2.900 entrevistados, 50% dos que estavam na faixa etária entre 25 e 34 anos gostariam de deixar o país.

[1] Seis em cada 10 jovens pensam em deixar o Brasil para morar no exterior. **Revista Época Negócios**, 23/06/2018.

Considerando dados de emigração de grandes fortunas, reportados no *Global Wealth Report Review 2018*, que analisa os detentores de patrimônio superior a 1 milhão de dólares estadunidenses, os quais são denominados pela sigla HNWI (*high net worth individuals*), somente no ano de 2017, dois mil deles deixaram o Brasil[2].

Nesse contexto, Portugal aparece como um dos destinos preferidos dos brasileiros, juntamente com os Estados Unidos da América. As razões para a escolha do país europeu são praticamente as mesmas que tempos atrás justificaram a vinda de tantos portugueses para o Brasil, ou seja, o clima ameno, familiaridade com o idioma, identificação cultural, mas também há algo relativamente novo que é a existência de programas para obtenção de residência por meio de investimento, cumulada com um regime fiscal atrativo que acaba por reforçar a escolha desse país.

Por esse motivo, o número de brasileiros residentes em Portugal aumentou cerca de 23% entre os anos de 2017 e 2018[3] e já é a maior quantidade desde 2012. E a tendência é que esses números continuem a crescer, principalmente considerando o cenário de instabilidade política e estagnação econômica no Brasil, que insiste em se fazer presente.

O que muitos brasileiros não sabem é que a escolha do novo lar é apenas o começo de uma jornada de planejamento pré-imigratório, que deve levar em consideração diversos aspectos da vida do indivíduo. Preocupação essa que não existia no passado, quando uma mudança requeria apenas os trâmites necessários ao transporte dos próprios objetos pessoais e transferência de bens e recursos.

É preciso compreender de forma clara, de modo a não deixar dúvidas, que o ato de deixar o Brasil requer a formalização adequada perante as autoridades brasileiras. Não basta arrumar as malas, é preciso avisar que está indo e é preciso se preparar juridicamente para que essa mudança ocorra sem surpresas inesperadas no futuro.

Disponível em: https://epocanegocios.globo.com/Vida/noticia/2018/06/seis-em-cada-10-jovens-pensam-em-deixar-o-brasil-para-morar-no-exterior.html. Acesso em: 12/01/2020

[2] Durão, Mariana. Brasil está entre países com maior fuga de milionários: 2 mil saíram em 2017. **BBC News Brasil**, 27/08/2018. Disponível em: https://www.bbc.com/portuguese/geral-45303739 .Acesso em: 12/01/2020.

[3] Informação divulgada em matéria do **Jornal O Globo**, publicada em 28/06/2019. https://oglobo.globo.com/mundo/numero-de-brasileiros-em-portugal-cresce-23-bate-recorde-de-sete-anos-23770214. Acesso em: 12/01/2020.

A alteração do status do brasileiro para não residente fiscal no País implica na observância de exigências regulatórias e tratamento tributário específico. A começar pela manutenção da conta bancária. O não residente não pode simplesmente manter a mesma conta que possuía quando ainda era residente fiscal no Brasil. É necessária a abertura de uma conta específica. E, para definir qual a opção dentre as duas disponíveis, e que possuem regramentos distintos, é preciso analisar variáveis como necessidade de utilização da conta, volume financeiro, tipos de investimentos desejados etc.

Outro aspecto relevante é manutenção de participação societária no país que necessita ser registrada no Banco Central do Brasil, pois passa a ser considerada como Investimento Estrangeiro Direto. Nesse momento surge a sopa de letrinhas do RDE-IED, sigla que representa o Registro Declaratório Eletrônico de Investimento Estrangeiro Direto, que muitos não fazem a menor ideia do que significa e qual a importância organizacional disso em sua nova vida como não residente fiscal brasileiro.

O impacto tributário também deve ser mensurado, pois a tributação não é a mesma do residente no país. A ideia desse estudo é justamente demonstrar como funciona a tributação do não-residente no Brasil, de forma geral, e no regime tributário mais benéfico no âmbito da Resolução do Bacen nº 4.373 de 29 de setembro de 2014.

Superadas as questões referentes à saída definitiva do Brasil, preparação e formalização, será analisado o ingresso em Portugal, considerando as formas mais comuns de visto e obtenção de nacionalidade; os atrativos do Regime Fiscal do Não Residente Habitual e os requisitos para admissão nesse regime; a existência de tratado para evitar a bitributação Brasil — Portugal; e quais cuidados devem ser tomados para compatibilizar o patrimônio do brasileiro que acaba de se tornar residente fiscal português.

2. OS CONCEITOS DE NACIONALIDADE E RESIDÊNCIA FISCAL

A Declaração Universal dos Direitos Humanos, proclamada em 10 de dezembro de 1948 na Assembleia Geral das Nações Unidas de Paris, no contexto pós atrocidades da Segunda Guerra Mundial, constitui um marco no reconhecimento de direitos fundamentais inerentes a todos os seres humanos, sem distinções, que devem ser assegurados e garantidos a todos.

O direito à nacionalidade consta no rol dos direitos fundamentais previstos na Declaração Universal de 1948, reproduzido na Convenção Americana de Direitos Humanos (Pacto de San Jose da Costa Rica) que tem como um dos propósitos combater a apatridia[4], e dispõe assim em seu art. 20:

> Artigo 20 — Direito à nacionalidade
> 1. Toda pessoa tem direito a uma nacionalidade.

[4] Apátrida é o indivíduo que não possui vínculo de nacionalidade com nenhum Estado. Segundo informação divulgada em 2015 pela ONU, o número estimado de apátridas no mundo é de cerca de 10 milhões de pessoas. E, pelo menos 20 países ainda possuem leis que negam a nacionalidade ou permitem sua retirada por critérios como etnia, raça ou religião; além disso, 27 países têm leis que não permitem que as mulheres transmitam sua nacionalidade a seus filhos na mesma base que os homens. Disponível em: https://nacoesunidas.org/onu-10-milhoes-de-criancas-sao-apatridas-agencia-pede-medidas-urgentes/#:~:text=Em%20todo%20o%20mundo%2C%20estima,de%2010%20milh%C3%B5es%20de%20ap%C3%A1tridas. Acesso: 07/09/2020.

2. Toda pessoa tem direito à nacionalidade do Estado em cujo território houver nascido, se não tiver direito a outra.
3. A ninguém se deve privar arbitrariamente de sua nacionalidade, nem do direito de mudá-la.

A Convenção foi celebrada em 22 de novembro de 1969, e ratificada no Brasil em setembro de 1992, e o texto da Constituição Federal de 1988 prevê o direito a nacionalidade brasileira com aquisição, seja pela via originária (nascimento — *jus sanguinis*[5] ou *jus soli*[6]), ou pela derivada (naturalização).

Accioly[7] destaca que no passado a nacionalidade era sempre proveniente dos pais, ou seja, pelo critério sanguíneo (*jus sanguinis*), mas como decorrência do colonialismo que acarretou o surgimento dos Estados Unidos, dos países da América Latina dentre outros, os dirigentes dos novos países compreenderam que um novo critério precisaria ser adotado, dando origem ao *jus soli* que leva em conta o local do nascimento.

Art. 12. São brasileiros:
I — natos:
a) os nascidos na República Federativa do Brasil, ainda que de pais estrangeiros, desde que estes não estejam a serviço de seu país;
b) os nascidos no estrangeiro, de pai brasileiro ou de mãe brasileira, desde que qualquer deles esteja a serviço da República Federativa do Brasil;
c) os nascidos no estrangeiro de pai brasileiro ou de mãe brasileira, desde que sejam registrados em repartição brasileira competente ou venham a residir na República Federativa do Brasil e optem, em qualquer tempo, depois de atingida a maioridade, pela nacionalidade brasileira; (Alínea com redação dada pela Emenda Constitucional nº 54, de 2007)
II — naturalizados:

[5] *Critério Sanguíneo* de obtenção de nacionalidade, ou seja, é concedida a nacionalidade brasileira para os nascidos de pai ou mãe brasileiros, ainda que o nascimento ocorra fora do Brasil (art. 12, inciso I, alíneas b e c, da Constituição Federal).

[6] *Critério Territorial* de obtenção de nacionalidade que possibilita que aqueles que nasçam no Brasil tenham direito a nacionalidade brasileira, ainda que sejam filhos de pais estrangeiros (art. 12, inciso I, alínea a, da Constituição Federal).

[7] Accioly, Hildebrando Casella, Paulo Borba. E Silva, G. E do Nascimento. **Manual de Direito Internacional Público.** — 20. ed. — São Paulo: Saraiva, 2012, pág. 750.

a) os que, na forma da lei, adquiram a nacionalidade brasileira, exigidas aos originários de países de língua portuguesa apenas residência por um ano ininterrupto e idoneidade moral;
b) os estrangeiros de qualquer nacionalidade residentes na República Federativa do Brasil há mais de quinze anos ininterruptos e sem condenação penal, desde que requeiram a nacionalidade brasileira. (Alínea com redação dada pela Emenda Constitucional de Revisão nº 3, de 1994):

Assim, é possível perceber que a nacionalidade implica em uma vinculação jurídica muito forte com o Estado. No entanto, o poder de tributar não está atrelado apenas ao conceito de nacionalidade. Logo, é muito comum brasileiros também possuírem cidadania portuguesa, italiana, alemã, dentre outras[8], obtida por critério sanguíneo de ascendência, residirem no Brasil e não terem a responsabilidade de oferecer à tributação seus rendimentos e/ou propriedade àqueles países.

Com exceção dos Estados Unidos e do país africano Eritreia (tributação sobre a renda) e da Turquia (tributação sobre sucessão e doação), a nacionalidade será irrelevante para fins de identificação da residência fiscal[9]. É curioso como inúmeros brasileiros possuem cidadania estadunidense e não têm o menor conhecimento dos impactos fiscais que essa vinculação acarreta, como, por exemplo, a obrigatoriedade de declarar os rendimentos anualmente ao Fisco Estadunidense e aqui no Brasil, quando este último for o país de residência de fato, além de pagar impostos em ambas as jurisdições. Isso ocorre porque, como bem destaca Dorival Pereira Junior[10], os Estados Unidos possuem a tributação atrelada a nacionalidade (*Citizenship-based taxation — CBT*). Por esse motivo,

[8] O conceito de cidadania nesse trabalho é interpretado de forma ampla, tal como sinônimo de nacionalidade. No sentido estrito, a cidadania está relacionada ao exercício de direitos políticos perante o Estado, ou seja, o reconhecimento jurídico dos direitos atrelados ao indivíduo que lhe conferem, inclusive, a capacidade para interferência nas decisões políticas.

[9] Xavier, Alberto. **Direito Tributário Internacional do Brasil**. 7ª ed. Rio de Janeiro: Forense, 2010. Título IV, Cap. II. Os elementos de conexão subjetivos, pág. 210. As Filipinas também adotavam a mesma sistemática de tributação sobre a renda com base na nacionalidade, mas esse regime foi revisto e não está mais vigente.

[10] Pereira Jr, Dorival Guimarães. ***American dream* ou presente de grego? Os riscos da bitributação dos brasileirinhos nascidos nos EUA.** Disponível em: https://www.migalhas.com.br/depeso/291423/american-dream-ou-presente-de-grego-os-riscos-da-bitributacao-

todos os seus nacionais estão sujeitos à tributação, independentemente de onde auferiram sua renda ou possuam investimentos.

O critério de residência é o mais utilizado para autorizar a tributação e, no passado, era muito comum que a nacionalidade e residência fiscal se confundissem, principalmente quando a mobilidade era muito reduzida e a tendência era de que as pessoas permanecessem, em sua maioria, no mesmo país em que nasceram.

No entanto, hoje esses conceitos não se confundem mais, ainda que possam estar interligados. O que determina a residência fiscal de um indivíduo é um conjunto de fatores que se correlacionam e não unicamente a nacionalidade ou a residência de fato (onde moro), mas também os vínculos estabelecidos com esse local, os quais podem ser: I) centro de interesses vitais do indivíduo (trabalho, renda, família, vida social); e II) animus de permanência (lar, desejo de se estabelecer de forma definitiva); vínculos esses que funcionam como elementos de conexão que inserem o indivíduo em uma relação jurídico-tributária com determinado país.

Cumpre esclarecer que o termo residência abordado nesse estudo compreende a profundidade absoluta do conceito propriamente dito, ou seja, está relacionado à ideia de domicílio (residente e domiciliado), à intenção de permanecer e ao estabelecimento do centro de interesses vitais.

Lucas Campos[11] ressalta, inclusive, que o Modelo da Convenção Fiscal sobre o Rendimento e o Patrimônio, elaborada pela Organização para a Cooperação e Desenvolvimento Econômico (OCDE), considera como sinônimos os termos residência e domicílio, conforme previsto no art. 4º, § 1º abaixo transcrito.

Artigo 4º

Residente

> 1. Para efeitos da Convenção, a expressão "residente de um Estado contratante" significa qualquer pessoa que, por virtude da legislação desse

dos-brasileirinhos-nascidos-nos-eua#:~:text=Isso%20porque%20os%20EUA%20adotam,sua%20renda%20ou%20possuam%20investimentos. Acesso em: 07/09/2020.

[11] Campos, Lucas Augusto Ponte. **Os elementos de conexão em Direito Tributário Internacional: Definindo o significado de "residência" para a pessoa física e contribuição do Direito Comparado.** Revista da Faculdade de Direito da Universidade de São Paulo v. 103 p. 877 — 889 jan./dez. 2008. Disponível em: http://www.revistas.usp.br/rfdusp/article/download/67832/70440/. Acesso em: 07/09/2020.

> Estado, está aí sujeita a imposto devido ao seu domicílio, à sua residência, ao local de direção ou a qualquer outro critério de natureza similar, aplica-se igualmente a esse Estado e às suas subdivisões políticas ou autarquias locais. Todavia, esta expressão não inclui qualquer pessoa que está sujeita a imposto nesse Estado apenas relativamente ao rendimento de fontes localizadas nesse Estado ou ao património aí situado.
> 2. Quando, por virtude do disposto no nº 1, uma pessoa singular for residente de ambos os Estados contratantes, a situação será resolvida como segue:
> a) Será considerada residente apenas do Estado em que tenha uma habitação permanente à sua disposição. Se tiver uma habitação permanente à sua disposição em ambos os Estados, será considerada residente apenas do Estado com o qual sejam mais estreitas as suas relações pessoais e económicas (centro de interesses vitais).
> b) Se o Estado em que tem o centro de interesses vitais não puder ser determinado ou se não tiver habitação permanente à sua disposição em nenhum dos Estados, será considerada residente apenas do Estado em que permanece habitualmente;
> c) Se permanecer habitualmente em ambos os Estados ou se não permanecer habitualmente em nenhum deles, será considerada residente apenas do Estado de que for nacional;
> d) Se for nacional de ambos os Estados ou não for nacional de nenhum deles, as autoridades competentes dos Estados contratantes resolverão o caso de comum acordo[12].

Contudo, Alberto Xavier[13] ressalta que certos ordenamentos distinguem os conceitos de domicílio e residência, atribuindo-lhes regimes jurídicos distintos. O direito italiano, por exemplo, conforme cita Campos[14], se ampara na definição constante na lei civil, caso não haja

[12] OCDE. Modelo da Convenção Fiscal sobre o Rendimento e o Patrimônio. Disponível em: https://info.portaldasfinancas.gov.pt/pt/informacao_fiscal/convencoes_evitar_dupla_tributacao/convencoes_tabelas_doclib/Documents/CDT_Modelo_OCDE.pdf. Acesso em: 07/09/2020.

[13] Xavier, Alberto. **Direito Tributário Internacional do Brasil**. 7ª ed. Rio de Janeiro: Forense, 2010. Título IV, Cap. II. Os elementos de conexão subjetivos, pág. 219.

[14] Campos, Lucas Augusto Ponte. **Os elementos de conexão em Direito Tributário Internacional: Definindo o significado de "residência" para a pessoa física e contribuição**

inscrição do contribuinte junto à Instituição Fazendária confirmando a vinculação fiscal. Além disso, é utilizado o critério de presença física em território, ou seja, o indivíduo deve residir em solo italiano por pelo menos 183 dias durante o ano calendário — sistemática essa que se repete em outros ordenamentos.

No direito alemão, Campos destaca que só é passível de tributação aquele que possuir um local de residência à disposição para utilização, a permanência deve ser por um período mínimo de seis meses e a estadia não pode ser considerada como pura e simplesmente de caráter transitório, ou seja, apenas de passagem.

A Espanha da mesma forma reconhece o vínculo a partir de uma noção de habitualidade, considerando o prazo de seis meses, ou a existência de elementos de interesse profissional, bem como motivação econômica. Campos também destaca que há um privilégio do critério de centro de interesses econômicos em detrimento ao da habitualidade, uma vez que a regra da habitualidade é substituível pela justificação profissional/econômica.

O direito inglês também se ampara no conceito de *ordinary residence*, que é a moradia habitual do indivíduo. No entanto, existe uma diferenciação entre a *domicile of choice* que é o domicílio de escolha, país com o qual foram estabelecidos os laços mais estreitos, do *domicile of origin* que seria o domicílio de origem, aplicado a todos os nacionais britânicos. Sobre essa diferenciação, destaca Xavier:

> Assim, por exemplo, o direito inglês — que atribui um relevo todo especial à noção de *domicile of origin*, dificultando o acesso ao *domicile of choice* — distingue os seus residentes domiciliados e os seus residentes não domiciliados, aplicando aos primeiros o princípio da *world-wide-income*, e tributando os segundos apenas pelos rendimentos externos remetidos para o seu território (*remittance basis*). [...] Quem tem *domicile of origin* no Reino Unido, conserva-o mesmo se desloca a sua residência para o exterior, enquanto não cortar seus laços com o Reino Unido e estabelecer ligação mais estreita com outro país. Mas, inversamente, um estrangeiro,

do Direito Comparado. Revista da Faculdade de Direito da Universidade de São Paulo v. 103 p. 877 – 889 jan./dez. 2008. Disponível em: http://www.revistas.usp.br/rfdusp/article/download/67832/70440/. Acesso em: 07/09/2020.

mesmo residente no Reino Unido, não adquire aí o seu domicílio, enquanto mantém ligações pessoais com seu país de origem.[15]

O direito francês também estabelece uma distinção entre a simples residência habitual e o domicílio, sendo esse último adquirido quando a França figura alternativamente como o lugar de permanência habitual, o local de exercício de atividade profissional não acessória, ou o centro dos interesses econômicos. Xavier[16] destaca que o alcance dessa distinção está em restringir aos residentes domiciliados o âmbito de aplicação do princípio da universalidade, pois os residentes não domiciliados estão sujeitos apenas à tributação dos rendimentos de fontes francesas.

No entanto, apesar de existirem essas diferenças, há consenso na ideia de que o domicílio é um elemento de conexão mais forte que a residência em sentido estrito, dando origem a obrigações tributárias mais extensas. Assim, o domicílio pressupõe não apenas a permanência duradoura, como também a intenção de permanecer, do latim *animus manendi*, nos dizeres do Autor:

> A aquisição de residência resulta, pois da conjugação do corpus e do *animus*, da *union of fact and intent*. Esta conjugação é objeto de uma apreciação (teste de residência) por parte das autoridades fiscais, que se socorrem de diversos critérios e presunções, cumulativas ou alternativas, que se habilitem a decidir. Assim, por exemplo, a distinção entre um residente e uma pessoa em trânsito *(transient)*, depende da conexão entre seu comportamento e suas intenções, reveladas em atos tais como estabelecer um negócio, deslocar bens pessoais e família, participar na vida social e religiosa local ou matricular os filhos nas escolas locais[..][17]

Superadas as diferenciações doutrinárias e no direito comparado acerca do conceito de residência e domicílio fiscal, e partindo da premissa de que para fins desse estudo são considerados como termos

[15] Xavier, Alberto. **Direito Tributário Internacional do Brasil.** 7ª ed. Rio de Janeiro: Forense, 2010. Título IV, Cap. II. Os elementos de conexão subjetivos, pág. 219.

[16] Xavier, Alberto. **Direito Tributário Internacional do Brasil.** 7ª ed. Rio de Janeiro: Forense, 2010. Título IV, Cap. II. Os elementos de conexão subjetivos, pág. 219.

[17] Xavier, Alberto. **Direito Tributário Internacional do Brasil.** 7ª ed. Rio de Janeiro: Forense, 2010. Título IV, Cap. II. Os elementos de conexão subjetivos, pág. 219.

sinônimos, serão analisadas as condições do residente e não residente e seus impactos tributários a seguir.

2.1 Residente e não residente

Diferenciar residente e não residente fiscal é essencial para delimitar o regime jurídico aplicável, bem como as obrigações tributárias atreladas a cada condição.

Inicialmente é preciso compreender que o residente no Brasil está sujeito à tributação em caráter universal; em outras palavras, isso significa que não importa em qual país do mundo a renda seja auferida, ela deve ser oferecida à tributação ao Fisco Brasileiro. Xavier[18] denomina "tributalidade ilimitada", do alemão *unbeschränkte Steuerpflicht.*

É muito comum que haja confusão a respeito desse aspecto, pois a vinculação da territorialidade ao exercício do poder de tributar é algo automático, ou seja, é muito mais fácil para o residente assimilar a ideia de que é preciso pagar tributo sobre os rendimentos auferidos no país de residência. No entanto, a tributação universal é perfeitamente justificável, considerando os princípios da isonomia e da capacidade contributiva, pois impede que haja tratamento desigual entre os contribuintes e evita que aqueles que podem utilizar estruturas internacionais tenham uma carga tributária inferior.

> Assim, em oposição à base territorial, o sistema de tributação de rendas apresenta o princípio da universalidade — também denominado de base global, princípio da pessoalidade, princípio da renda mundial ou ainda *world-wide income taxation* — que melhor atende às exigências de isonomia entre os contribuintes que têm rendas apenas no mercado doméstico e aqueles que atuam em praças financeiras no exterior, favorecendo-se de benefícios fiscais estrangeiros[19].

Em contrapartida, o não residente possui obrigações tributárias apenas em relação a rendimentos oriundos de fontes situadas no Brasil.

[18] Xavier, Alberto. **Direito Tributário Internacional do Brasil**. 7ª ed. Rio de Janeiro: Forense, 2010. Título IV, Cap. II. Os elementos de conexão subjetivos, págs. 219 e 220.

[19] Franca Filho, Marcílio Toscana. **Princípios da tributação internacional sobre a renda**. Disponível em: https://www2.senado.leg.br/bdsf/bitstream/handle/id/334/r137-08.pdf?sequence=4.Acesso em 29/06/2020.

O que seria, nos dizeres de Xavier, o regime da "tributalidade limitada" (*beschränkte Steuerpflicht*). Percebe-se, portanto, que o poder de tributar exercido sobre o não residente está intimamente relacionado ao aspecto territorial da fonte. Logo, apenas se a fonte for situada no Brasil haverá obrigações tributárias aplicadas ao não residente em território nacional.

2.1.1 *Elementos de Conceituação*

A lei brasileira não possui um conceito formal de residência. Xavier[20] comenta que o direito nacional acolheu uma noção de residência que se situa no meio do caminho entre a noção meramente objetiva de presença física em território (*corpus*), e noção subjetiva caracterizada pela intenção (*animus*) de permanecer, que nada mais é do que o resultado da junção do *corpus* e do *animus*, com critérios objetivos e subjetivos aplicados ora de forma conjunta, ora de forma alternativa conforme previsão legal aplicável ao caso concreto. O Código Tributário Nacional usa a terminologia domicílio tributário para se referir a residência fiscal e dispõe da seguinte forma:

> Domicílio Tributário
>
> Art. 127. Na falta de eleição, pelo contribuinte ou responsável, de domicílio tributário, na forma da legislação aplicável, considera-se como tal:
>
> I — quanto às pessoas naturais, a sua residência habitual, ou, sendo esta incerta ou desconhecida, o centro habitual de sua atividade;
>
> II — quanto às pessoas jurídicas de direito privado ou às firmas individuais, o lugar da sua sede, ou, em relação aos atos ou fatos que derem origem à obrigação, o de cada estabelecimento;
>
> III — quanto às pessoas jurídicas de direito público, qualquer de suas repartições no território da entidade tributante.
>
> § 1º Quando não couber a aplicação das regras fixadas em qualquer dos incisos deste artigo, considerar-se-á como domicílio tributário do contribuinte ou responsável o lugar da situação dos bens ou da ocorrência dos atos ou fatos que deram origem à obrigação.
>
> § 2º A autoridade administrativa pode recusar o domicílio eleito, quando impossibilite ou dificulte a arrecadação ou a fiscalização do tributo, aplicando-se então a regra do parágrafo anterior.

[20] Xavier, Alberto. **Direito Tributário Internacional do Brasil.** 7ª ed. Rio de Janeiro: Forense, 2010. Título IV, Cap. II. Os elementos de conexão subjetivos, pag. 221.

O Decreto nº 9.580 de 22 de novembro de 2018 que regulamenta o Imposto de Renda também não conceitua a residência fiscal, mas inclui mais detalhes a respeito dos elementos passíveis de vinculação, conforme visualizado abaixo.

> (Regulamento do Imposto de Renda 2018)
>
> Do Domicílio Da Pessoa Física
>
> Art. 26. Considera-se como domicílio tributário da pessoa física aquele eleito por ela, nos termos da legislação aplicável (Lei nº 5.172, de 1966 — Código Tributário Nacional, art. 127).
>
> § 1º Na falta de eleição, considera-se como domicílio a sua residência habitual, ou, sendo esta incerta ou desconhecida, o centro habitual de sua atividade (Lei nº 5.172, de 1966 — Código Tributário Nacional, art. 127, caput , inciso I).
>
> § 2º Considera-se como residência habitual o lugar em que a pessoa física tiver uma habitação em condições que permitam presumir intenção de mantê-la (Decreto-Lei nº 5.844, de 1943, art. 171).
>
> § 3º Na hipótese em que não couber a aplicação das regras estabelecidas no caput e no § 1º, será considerado como domicílio tributário o lugar da situação dos bens ou da ocorrência dos atos ou dos fatos que deram origem à obrigação (Lei nº 5.172, de 1966 — Código Tributário Nacional, art. 127, § 1º).
>
> § 4º A autoridade administrativa pode recusar o domicílio eleito, quando impossibilite ou dificulte a arrecadação ou a fiscalização do imposto sobre a renda, hipótese em que será aplicado o disposto no § 3º (Lei nº 5.172, de 1966 — Código Tributário Nacional, art. 127, § 2º).
>
> § 5º O disposto no § 4º aplica-se, inclusive, nas hipóteses em que a residência, a profissão e as atividades efetivas estiverem localizadas em local diferente daquele eleito como domicílio.
>
> § 6º Na hipótese de pluralidade de residência no País, desde que não seja aplicável a esta hipótese o disposto no § 1º ao §3º, caberá à autoridade competente fixá-la (Decreto-Lei nº 5.844, de 1943, art. 171, § 2º e § 3º; e Lei nº 5.172, de 1966 — Código Tributário Nacional, art. 127, caput, inciso I).

Embora o primeiro critério seja puramente subjetivo de eleição por parte do contribuinte, verificamos que a vontade desacompanhada de demais elementos de conexão não consegue por si só sustentar a existência de vínculo de residência. Logo, a definição considera uma análise conjunta de diversos elementos que podem ser tanto a residência habitual, centro de interesses vitais, local de situação dos bens etc.

Além disso, a Instrução Normativa SRF nº 208, de 27 de fevereiro de 2002, também disciplina essa temática determinando os critérios aplicados para determinação do vínculo de residência no Brasil, os quais serão objeto de análise a seguir.

2.1.2 *Residente Fiscal*

i. Caráter permanente de residência

O art. 2º, inciso I da IN nº 208/2000 dispõe que é considerado residente fiscal no Brasil a pessoa física que resida no país em caráter permanente.

A residência permanente com base em todos os elementos já mencionados pressupõe além da presença física em território, também o centro de interesses vitais do indivíduo e, resta inequívoca a assimilação da responsabilidade fiscal perante o país em que se vive, desdobramento do princípio da territorialidade que autoriza o Estado a cobrar tributos como exercício da própria soberania.

É importante destacar que não há nenhuma referência a nacionalidade, justamente por ser esse elemento de conexão a princípio irrelevante para fins de caracterização da residência fiscal brasileira.

ii. Ausência para prestação de serviços a autarquias ou repartições do Governo no exterior

O Ministério das Relações Exteriores, popularmente referenciado apenas como Itamaraty[21], é o órgão responsável tanto pelo relacionamento

[21] BRASIL. Ministério da Justiça e Segurança Pública. **Uma Introdução às migrações Internacionais no Brasil Contemporâneo.** Módulo 4. Defensoria Pública da União em parceria com a ONU Imigração. Em razão da sede do Ministério das Relações Exteriores estar situada, até 1970, no Palácio do Itamaraty, no Rio de Janeiro, o Ministério ficou conhecido informalmente como Itamaraty. Mesmo com a mudança de edifício e de cidade, esse apelido foi mantido. Hoje, o Palácio dos Arcos, edifício arquitetado por Oscar Niemeyer em Brasília, é conhecido como Palácio Itamaraty. Disponível em: https://www.justica.gov.br/seus-direitos/refugio/anexos/apostila-modulo-4.pdf/view. Acesso em 06/09/2020.

do Brasil com os demais países, com presença em várias jurisdições no mundo, como também pela participação em Organizações Internacionais.

De acordo com dados publicados na página oficial do Ministério[22], o Brasil possui 140 embaixadas, 71 repartições consulares, 13 delegações e 3 escritórios comerciais no exterior.

Quando um residente fiscal brasileiro se ausenta para prestar serviços como assalariado a essas autarquias ou repartições do governo brasileiro situadas no exterior, o vínculo de residência fiscal no Brasil permanece desde que não configurada a residência permanente no outro país.

Compreende-se, portanto, que o conceito de ausente no exterior está relacionado ao desempenho de cargo, função ou emprego público — com exceção do empregado de empresa pública ou sociedade de economia mista —, a serviço do Brasil, porém fora do território nacional.

O Perguntão do Imposto sobre a Renda da Pessoa Física aplicável ao ano de 2020, que é um arquivo consolidado de perguntas e respostas disponibilizado pela Receita Federal esclarece quem pode ser considerado como "a serviço do país no Exterior".

> PESSOA FÍSICA A SERVIÇO DO BRASIL NO EXTERIOR
>
> 149 — Quem pode se enquadrar na condição de "a serviço do País no exterior" para usufruir dos benefícios fiscais próprios dessa situação particular?
>
> Considera-se pessoa física ausente no exterior a serviço do País o servidor público ou o militar das Forças Armadas a serviço no exterior, assim considerado aquele que se encontra em missão fora do Brasil, por ter sido nomeado ou designado para o desempenho ou exercício de cargo, função ou atividade no exterior, inclusive:
>
> a) o funcionário da administração federal direta regido pela legislação trabalhista, da administração federal indireta e das fundações sob supervisão ministerial;
>
> b) o funcionário do Poder Legislativo, do Poder Judiciário e do Tribunal de Contas da União;
>
> c) no que couber, o funcionário do Distrito Federal, dos Estados e dos Municípios, bem como a pessoa sem vínculo com o serviço público designada pelo Presidente da República.

[22] BRASIL, Ministério das Relações Exteriores. **Privilégios e Imunidades de Missões Diplomáticas**. Disponível em: http://www.itamaraty.gov.br/pt-BR/representacoes-diplomaticas-estrangeiras-no-brasil/18169-acordos-internacionais. Acesso em: 15/01/2020.

> Essas pessoas estão obrigadas a apresentar a Declaração de Ajuste Anual nas condições previstas no ajuda do programa IRPF 2020.
> Atenção: O empregado de empresa pública ou de sociedade de economia mista, assim como o contratado local de representações diplomáticas, não são considerados ausentes "a serviço do País no exterior" quando se encontrarem a serviço específico dessas entidades fora do Brasil. (Lei nº 5.809, de 10 de outubro de 1972, art. 1º; Decreto nº 71.733, de 18 de janeiro de 1973; e Solução de Consulta Cosit nº 19, de 4 de novembro de 2013).[23]

> O empregado de empresa pública ou de sociedade de economia mista, quando a serviço específico da empresa no exterior, bem assim o contratado local de representações diplomáticas, não se enquadra no conceito de ausente no exterior a serviço do Brasil[24].

E curiosamente, essa é uma situação em que a princípio, ressalvadas as particularidades de cada caso concreto, o período de ausência será irrelevante para fins de perda do vínculo de residência fiscal, de modo que todas as obrigações tributárias principais (pagamento dos impostos devidos) e acessórias (declarações, multas) devem ser mantidas enquanto perdurar a missão ou contrato. Tanto o Regulamento do Imposto de Renda[25] de 2018, quanto a Instrução Normativa RFB nº 1500 de 29 de outubro de 2014, expressamente declaram a manutenção do vínculo e esclarecem que caso a remuneração ocorra em moeda estrangeira, deverá ser feita a conversão sempre considerando dólar estadunidense para real conforme Taxa de Câmbio de Referência (Ptax), divulgada pelo Banco Central do Brasil de acordo com os dispositivos reprodu-

[23] RECEITA FEDERAL. **Perguntas e Respostas — Imposto sobre a Renda da Pessoa Física 2020**. Ministério da Economia. Secretaria Especial da Receita Federal. Disponível em: https://receita.economia.gov.br/interface/cidadao/irpf/2020/perguntao/p-r-irpf-2020-v-1-0-2020-02-19.pdf. Acesso em 19/09/2020.

[24] RECEITA FEDERAL. **Solução de Consulta nº 19** — Cosit, 4 de novembro de 2013. Disponível em: http://normas.receita.fazenda.gov.br/sijut2consulta/link.action?visao=anotado&idAto=48505 Acesso em: 16/01/2020.

[25] BRASIL. **Decreto nº 9.580, de 22 de novembro de 2018**. Regulamenta a tributação, a fiscalização, a arrecadação e a administração do Imposto sobre a Renda e Proventos de Qualquer Natureza. Disponível em: http://www.planalto.gov.br/ccivil_03/_ato2015-2018/2018/decreto/D9580.htm. Acesso em: 13/09/2020.

zidos logo a seguir, observada a sistemática de declaração explicitada abaixo:

> SERVIDOR PÚBLICO EM MISSÃO NO EXTERIOR
>
> 150 — Como devem ser declarados os rendimentos do trabalho assalariado de servidor público, civil ou militar, em missão no exterior durante o ano-calendário?
>
> O tratamento fiscal dos rendimentos recebidos depende da situação particular de cada servidor, de acordo com a natureza do serviço desempenhado no exterior, da forma abaixo explicitada.
>
> 1 — Residente no Brasil ausente no exterior a serviço do País
>
> Os rendimentos recebidos antes da saída ou após o regresso, de autarquias ou repartições do Governo, pagos no Brasil, são declarados e tributados normalmente, como de residente no Brasil, na forma da legislação vigente. Já os rendimentos recebidos durante a permanência no exterior são tributados conforme resposta à Pergunta 148.
>
> 2 — Residente no Brasil em missão temporária, transitória ou eventual no exterior
>
> Os rendimentos são declarados como rendimentos tributáveis pelo seu total. Os valores recebidos em dólares são convertidos em reais pela taxa cambial para compra, fixada pelo Banco Central do Brasil, para o último dia útil da primeira quinzena do mês anterior ao de cada recebimento.
>
> Atenção: Os rendimentos referentes a diárias e ajudas de custo não estão sujeitos a tributação, devendo os valores recebidos em moeda estrangeira, convertidos em reais na forma do item 2, serem informados na Ficha "Rendimentos Isentos e Não Tributáveis"[26].

Vale destacar que ainda é concedido um benefício de redução da base cálculo para apenas 25% do valor total recebido a título de remuneração por esse tipo de atividade, ou seja, 75% dos rendimentos são isentos de tributação de imposto de renda.

[26] RECEITA FEDERAL. **Perguntas e Respostas — Imposto sobre a Renda da Pessoa Física 2020**. Ministério da Economia. Secretaria Especial da Receita Federal. Disponível em: https://receita.economia.gov.br/interface/cidadao/irpf/2020/perguntao/p-r-irpf-2020-v-1-0-2020-02-19.pdf . Acesso em 19/09/2020.

(Decreto nº 9.580/2018 — Regulamento do Imposto de Renda de 2018)

Art. 15. As pessoas físicas residentes no território nacional, ausentes no exterior a serviço do País, que recebam rendimentos do trabalho assalariado, em moeda estrangeira, de autarquias ou de repartições do Governo brasileiro situadas no exterior, ficam sujeitas à tributação na forma estabelecida no parágrafo único do art. 37 e no art. 684 (Lei nº 9.250, de 1995, art. 5º, caput).

[...]

Art. 37. Na hipótese de rendimentos do trabalho assalariado recebidos em moeda estrangeira por servidores ausentes no exterior a serviço do País de autarquias ou de repartições do Governo brasileiro situadas no exterior, consideram-se tributáveis vinte e cinco por cento do total recebido (Lei nº 9.250, de 1995, art. 5º, caput , e § 3º).

[...]

Art. 684. As pessoas físicas residentes no País que recebam rendimentos de trabalho assalariado, em moeda estrangeira, de autarquias ou de repartições do Governo brasileiro, situadas no exterior, ficam sujeitas ao imposto sobre a renda na fonte, calculado de acordo com as tabelas progressivas constantes do art. 677 (Lei nº 9.250, de 1995, art. 5º, caput).

§ 1º Os rendimentos em moeda estrangeira serão convertidos em reais, por meio da utilização do valor do dólar dos Estados Unidos da América estabelecido para compra pelo Banco Central do Brasil para o último dia útil da primeira quinzena do mês anterior ao do pagamento do rendimento (Lei nº 9.250, de 1995, art. 5º, § 1º).

§ 2º A base de cálculo do imposto sobre a renda corresponde a vinte e cinco por cento do total dos rendimentos do trabalho assalariado recebidos nas condições estabelecidas neste artigo (Lei nº 9.250, de 1995, art. 5º, § 3º)

[...]

(Instrução Normativa RFB nº 1500/2014)

Art. 28. Os rendimentos do trabalho assalariado recebidos, em moeda estrangeira, por residentes no Brasil, de autarquias ou repartições do Governo brasileiro situadas no exterior, estão sujeitos ao IRRF, mediante utilização da tabela progressiva de que trata o art. 65.

§ 1º Os rendimentos em moeda estrangeira devem ser convertidos em reais mediante utilização do valor do dólar dos Estados Unidos da América, fixado para compra pelo Banco Central do Brasil para o último dia útil da 1ª (primeira) quinzena do mês anterior ao do pagamento do rendimento.

§ 2º As deduções, previstas nos incisos I, III e IV do caput do art. 52, devem ser convertidas em reais, mediante utilização do valor do dólar dos Estados Unidos da América fixado para venda pelo Banco Central do Brasil para o último dia útil da 1ª (primeira) quinzena do mês anterior ao do pagamento do rendimento.

§ 3º Na determinação da base de cálculo mensal e na declaração de rendimentos são tributados em 25% (vinte e cinco por cento) do total dos rendimentos referidos neste artigo.

PESSOA FÍSICA A SERVIÇO DO BRASIL NO EXTERIOR — TRIBUTAÇÃO

148 — Qual é o tratamento tributário estabelecido à pessoa física ausente no exterior a serviço do Brasil, em relação aos rendimentos recebidos de autarquias ou repartições do governo brasileiro situados no exterior?

Os rendimentos do trabalho assalariado, pagos por autarquias ou repartições do governo brasileiro situados no exterior, em dólares norte-americanos, ou em moeda estrangeira equivalente ao valor que deveriam receber em dólar, são tributados da mesma forma que os rendimentos recebidos de fonte brasileira pelos residentes no Brasil, porém são considerados tributáveis apenas 25% do valor total de tais rendimentos (os 75% restantes são informados como rendimentos não tributáveis).

Atenção:

1 — As deduções legais, referentes a pagamentos efetuados em moeda estrangeira, são convertidas em dólares dos Estados Unidos da América pelo valor fixado pela autoridade monetária do país no qual as despesas foram realizadas para a data do pagamento e, em seguida, em reais pela cotação do dólar para venda fixada pelo Banco Central do Brasil para o último dia útil da primeira quinzena do mês anterior ao do pagamento;

2 — Os rendimentos e o imposto pago no exterior devem ser convertidos em dólares dos Estados Unidos da América, pelo seu valor fixado pela autoridade monetária do país de origem do rendimento na data do recebimento e, em seguida, em reais mediante utilização do valor do

> dólar fixado para compra pelo Banco Central do Brasil para o último dia útil da primeira quinzena do mês anterior ao do recebimento do rendimento. (Lei nº 9.250, de 26 de dezembro de 1995, arts. 5º, § 3º; Regulamento do Imposto sobre a Renda — RIR/2018, arts. 15, 37 e 684, aprovado pelo Decreto nº 9.580, de 22 de novembro de 2018; Instrução Normativa SRF nº 208, de 27 de setembro de 2002, arts. 17 e 18; e Instrução Normativa RFB nº 1.500, de 29 de outubro de 2014, art. 28)[27]

É interessante comentar que esse tratamento diferenciado de considerar a residência fiscal no Brasil, mesmo quando se reside de fato em outro país e onde se situa, por sua vez, o centro de interesses vitais do indivíduo, existe em decorrência da Convenção de Viena[28], conforme ilustra Accioly[29] e pressupõe reciprocidade de tratamento.

A Convenção de Viena trata em seu artigo 34 da isenção fiscal das missões e dos agentes diplomáticos. Esta era considerada privilégio, tendo por fundamento a cortesia (*comitas gentium*). Atualmente, diante de seu reconhecimento pela Convenção, trata-se de direito internacional positivo cuja justificação igualmente se dá em caráter funcional e baseada na reciprocidade de tratamento entre Estados, para os respectivos agentes, em seus respectivos territórios e jurisdições fiscais.

É importante salientar que, a reciprocidade de tratamento na ausência de tratado também pode ser evidenciada por meio da apresentação da legislação estrangeira que confere essa prerrogativa, conforme orienta a Instrução Normativa 2018/2002.

> Art. 1º Os rendimentos recebidos de fontes situadas no exterior, inclusive de órgãos do Governo brasileiro localizados fora do Brasil, e os ganhos de capital apurados na alienação de bens e direitos situados no

[27] RECEITA FEDERAL. **Perguntas e Respostas — Imposto sobre a Renda da Pessoa Física 2020**. Ministério da Economia. Secretaria Especial da Receita Federal. Disponível em: https://receita.economia.gov.br/interface/cidadao/irpf/2020/perguntao/p-r-irpf-2020-v-1-0-2020-02-19.pdf. Acesso em 19/09/2020.

[28] BRASIL. Decreto nº 56.435, de 8 de Junho de 1965. Promulga a Convenção de Viena sobre Relações Diplomáticas. Palácio do Planalto Presidência da República, Brasília, DF, 08 jun. 1965. Disponível em: http://www.planalto.gov.br/ccivil_03/decreto/Antigos/D56435.htm. Acesso em: 13/09/2020.

[29] ACCIOLY, Hildebrando CASELLA, Paulo Borba. E SILVA, G. E do Nascimento. **Manual de direito internacional público**. — 20. ed. — São Paulo: Saraiva, 2012, pág. 539.

> exterior por pessoa física residente no Brasil, bem assim os rendimentos recebidos e os ganhos de capital apurados no País por pessoa física não-residente no Brasil estão sujeitos à tributação pelo imposto de renda, conforme o disposto nesta Instrução Normativa, sem prejuízo dos acordos, tratados e convenções internacionais firmados pelo Brasil ou da *existência de reciprocidade de tratamento.*
>
> § 1º Consideram-se recebidos os rendimentos e ganhos de capital no mês em que primeiro ocorrer o pagamento, crédito, emprego, entrega ou remessa ao beneficiário.
>
> § 2º *A prova de reciprocidade de tratamento far-se-á com cópia da lei publicada em órgão de imprensa oficial do país de origem do rendimento, traduzida por tradutor juramentado e autenticada pela representação diplomática do Brasil naquele país, ou mediante declaração desse órgão atestando a reciprocidade de tratamento tributário.*
>
> *§ 3º Ato da Secretaria da Receita Federal (SRF) reconhecendo a reciprocidade de tratamento dispensa a prova de que trata o § 2º.* (grifo nosso)

Em suma, como bem destaca Silva[30], o Agente diplomático deve ser isento de todo imposto que, em sua aplicação, implique um laço de sujeição do contribuinte em relação ao Estado que o percebe.

Assim, o mesmo ocorre com servidores de representações estrangeiras e de organismos internacionais que também não terão os rendimentos provenientes dessa atividade tributados no Brasil, ainda que estejam residindo de fato em território brasileiro. Para os demais rendimentos e ganhos de capital, serão considerados como não residentes com o regime jurídico aplicável a essa condição.

> (Decreto nº 9.580/2018 — Regulamento do Imposto de Renda de 2018)
>
> Art. 20. Ficam isentos do imposto sobre a renda os rendimentos do trabalho percebidos por (Lei nº 4.506, de 1964, art. 5º; e Lei nº 7.713, de 1988, art. 30):
>
> I — servidores diplomáticos de governos estrangeiros;

[30] Silva, G. E. do Nascimento. Casella, Paulo Borba. Bittencourt Neto, Olavo de Oliveira. **Direito Internacional Diplomático : Convenção de Viena sobre Relações Diplomáticas na Teoria e na Prática**. 4. ed. rev., atual. e ampl. — São Paulo : Saraiva, 2012, pág. 367.

> II — servidores de organismos internacionais de que o País faça parte e aos quais se tenha obrigado, por tratado ou convênio, a conceder isenção; ou
> III — servidor não brasileiro de embaixada, consulado e repartições oficiais de outros países no País, desde que no país de sua nacionalidade seja assegurado tratamento igual a brasileiros que ali exerçam funções idênticas.
> § 1º As pessoas a que se refere este artigo serão consideradas como contribuintes não residentes em relação a outros rendimentos e ganhos de capital produzidos no País (Lei nº 4.506, de 1964, art. 5º, parágrafo único; Convenção de Viena sobre Relações Diplomáticas, art. 34, promulgada pelo Decreto nº 56.435, de 8 de junho de 1965; e Lei nº 5.172, de 1966 — Código Tributário Nacional, art. 98).
> § 2º A isenção de que tratam os incisos I e III do caput não se aplica aos rendimentos e aos ganhos de capital percebidos por servidores estrangeiros que tenham passado à condição de residente no País (Convenção de Viena sobre Relações Diplomáticas, art. 1º e art. 37, § 2º a § 4º, promulgada pelo Decreto nº 56.435, de 1965; e Lei nº 5.172, de 1966 — Código Tributário Nacional, art. 98).
> § 3º Os rendimentos e os ganhos de capital de que trata o § 2º serão tributados como aqueles de residentes, na forma prevista neste Regulamento.

Essa hipótese será abordada com maior profundidade no item que trata do ingresso no Brasil para prestação de serviços a Órgão estrangeiro.

iii. Ingresso no Brasil com visto permanente

A temática dos vistos delimita a sua aplicabilidade àqueles que não são nacionais, ou seja, que não estão conectados ao Brasil com o vínculo de nacionalidade, seja originária ou derivada, ou tendo adquirido a nacionalidade brasileira, optaram por renunciar a esse vínculo em algum momento por qualquer motivo.

As questões relacionadas a imigração no Brasil eram disciplinadas pela Lei nº 6.815, de 19 de agosto de 1980, também conhecida como Estatuto do Estrangeiro. Esse instrumento normativo previa a existência do visto permanente, que era concedido ao estrangeiro quando existia a intenção de se fixar definitivamente no país e obedecidos alguns requisitos constantes na legislação específica, exigências de caráter especial e normas de seleção de imigrantes estabelecida pelo Conselho Nacional de Imigração. O Estatuto do Estrangeiro[31] estabelecia como objetivo primordial dessa espécie de visto, a obtenção de mão de obra qualificada com o intuito de fomentar a economia, conforme expresso no art. 16 transcrito abaixo:

> Art. 16. O visto permanente poderá ser concedido ao estrangeiro que pretenda se fixar definitivamente no Brasil.
> Parágrafo único. A imigração objetivará, primordialmente, propiciar mão-de-obra especializada aos vários setores da economia nacional, visando à Política Nacional de Desenvolvimento em todos os aspectos e, em especial, ao aumento da produtividade, à assimilação de tecnologia e à captação de recursos para setores específicos.

Contudo, o Estatuto do Estrangeiro foi revogado pela Lei nº 13.445 de 2017, denominada Lei de Migração, que foi editada com o propósito de compatibilizar a situação dos imigrantes aos direitos fundamentais assegurados na Constituição de 1988.

Considerando o contexto social em que o diploma anterior foi editado, ainda durante o período da Ditadura Militar, regime compreendido entre abril de 1964 e março de 1985, existia uma grande preocupação com aspectos relacionados à segurança nacional e o imigrante era tratado sob uma perspectiva que não tinha como foco a garantia e a promoção dos direitos humanos, por isso a necessidade de adequação.

Como bem destaca Carolina Claro[32], não apenas a Constituição de 1988, mas também o fortalecimento internacional da visão dos imigrantes como seres detentores de direitos e não apenas obrigações, tal como

[31] BRASIL. **Lei nº 6.815 de 19 de agosto de 1980. Estatuto do Estrangeiro**. Define a situação jurídica do estrangeiro no Brasil, cria o Conselho Nacional de Imigração. Palácio do Planalto Presidência da República, Brasília, DF, 19 ago. 1980. Disponível em: http://www.planalto.gov.br/ccivil_03/leis/L6815.htm. Acesso em: 16/01/2020.

[32] CLARO, Carolina de Abreu Batista. **Do Estatuto do Estrangeiro à Lei de Migração: Avanços e Expectativas**. Boletim de Economia e Política Internacional | BEPI | n. 26 | Set. 2019/Abr. 2020. Disponível em: http://repositorio.ipea.gov.br/bitstream/11058/9820/1/BEPI_n26_Estatuto.pdf. Acesso em: 06/09/2020.

o conceito ultrapassado previsto no Estatuto do Estrangeiro, acabaram por reforçar a premência de revisão da legislação aplicada às migrações.

> A Lei nº 6.815, de 19 de agosto de 1980 (Estatuto do Estrangeiro), regulamentada pelo Decreto nº 88.715, de 10 de dezembro de 1981, foi criada durante o período militar e tinha como principal função resguardar a soberania nacional e os interesses brasileiros diante da possível ameaça estrangeira. O imigrante, então, era visto como potencial inimigo para o país e sua população, visão que permeou toda a normativa jurídica de estrangeiros da época. Diante da promulgação da Constituição Federal de 1988 (CF/1988) e das novas dinâmicas migratórias tanto de quanto para o país, o estatuto logo se tornou obsoleto e demandou mudanças, as quais vieram de maneira mais célere por meio de normas infralegais. As resoluções normativas do Conselho Nacional de Imigração (CNIg), do Comitê Nacional para Refugiados (CONARE) e de portarias interministeriais dos ministérios da Justiça, do Trabalho e das Relações Exteriores deram vazão parcial à demanda legal, uma vez que os mecanismos legislativos de criação de uma nova lei estavam em descompasso com a necessidade de soluções dos casos concretos não contemplados pela lei em vigor[33].
>
> Diferentemente do Estatuto do Estrangeiro, a nova Lei de Migração trata o imigrante como um sujeito de direitos e garante em todo o território nacional, em condição de igualdade com os nacionais, uma série de direitos que anteriormente não eram concebidos, a saber: a inviolabilidade do direito à vida, à liberdade, à igualdade, à segurança e à propriedade; direitos e liberdades civis, sociais, culturais e econômicos; direito à liberdade de circulação em território nacional; direito à reunião familiar do imigrante com seu cônjuge ou companheiro e seus filhos, familiares e dependentes; medidas de proteção a vítimas e testemunhas de crimes e de violações de direitos; direito de transferir recursos decorrentes de sua renda e economias pessoais a outro país, observada a legislação aplicável; direito de reunião para fins pacíficos; direito de associação,

[33] Claro, Carolina de Abreu Batista. **Do Estatuto do Estrangeiro à Lei de Migração: Avanços e Expectativas.** Boletim de Economia e Política Internacional | BEPI | n. 26 | Set. 2019/Abr. 2020. Disponível em: http://repositorio.ipea.gov.br/bitstream/11058/9820/1/BEPI_n26_Estatuto.pdf. Acesso em: 06/09/2020.

> inclusive sindical, para fins lícitos; acesso a serviços públicos de saúde e de assistência social e à previdência social, nos termos da lei, sem discriminação em razão da nacionalidade e da condição migratória; amplo acesso à Justiça e à assistência jurídica integral gratuita aos que comprovarem insuficiência de recursos; direito à educação pública, vedada a discriminação em razão da nacionalidade e da condição migratória; garantia de cumprimento de obrigações legais e contratuais trabalhistas e de aplicação das normas de proteção ao trabalhador, sem discriminação em razão da nacionalidade e da condição migratória [...].[34]

Em relação aos tipos de visto, a Lei de Migração também introduziu algumas alterações, ao prever apenas as seguintes modalidades dispostas no art. 12 *in verbis*:

> Art. 12. Ao solicitante que pretenda ingressar ou permanecer em território nacional poderá ser concedido visto:
> I — de visita;
> II — temporário;
> III — diplomático;
> IV — oficial;
> V — de cortesia.

Logo, um aspecto que merece atenção especial é que a modalidade de visto permanente prevista no art. 16 do revogado Estatuto do Estrangeiro, não possui dispositivo similar na Lei de Migração vigente, mas foi substituído pela autorização de residência que pode ser por prazo determinado ou indeterminado, prevista na Seção IV, art. 30 abaixo transcrito:

> Art. 30. A residência poderá ser autorizada, mediante registro, ao imigrante, ao residente fronteiriço ou ao visitante que se enquadre em uma das seguintes hipóteses:
> I — a residência tenha como finalidade:

[34] GUERRA, Sidney. **Alguns aspectos sobre a situação jurídica do não nacional no Brasil: Da Lei do Estrangeiro à Nova Lei de Migração**. Direito em Debate. Revista do Departamento de Ciências Jurídicas e Sociais da UNIJUI. Ano XXVI nº 47, jan.-jun. 2017 — ISSN 2176-6622, págs. 90-112. Disponível em: https://www.revistas.unijui.edu.br/index.php/revistadireitoemdebate. Acesso em: 06/09/2020.

a) pesquisa, ensino ou extensão acadêmica;
b) tratamento de saúde;
c) acolhida humanitária;
d) estudo;
e) trabalho;
f) férias-trabalho;
g) prática de atividade religiosa ou serviço voluntário;
h) realização de investimento ou de atividade com relevância econômica, social, científica, tecnológica ou cultural;
i) reunião familiar;
II — a pessoa:
a) seja beneficiária de tratado em matéria de residência e livre circulação;
b) seja detentora de oferta de trabalho;
c) já tenha possuído a nacionalidade brasileira e não deseje ou não reúna os requisitos para readquiri-la;
d) (VETADO);
e) seja beneficiária de refúgio, de asilo ou de proteção ao apátrida;
f) seja menor nacional de outro país ou apátrida, desacompanhado ou abandonado, que se encontre nas fronteiras brasileiras ou em território nacional;
g) tenha sido vítima de tráfico de pessoas, de trabalho escravo ou de violação de direito agravada por sua condição migratória;
h) esteja em liberdade provisória ou em cumprimento de pena no Brasil;
III — outras hipóteses definidas em regulamento.

A IN SRF nº 208/2002 ainda traz como referência a modalidade de visto permanente e estabelece para fins de residência fiscal que aquele que ingressa no Brasil com essa modalidade de visto adquire a condição de residente na data da chegada ao país[35], devendo observar toda responsabilidade que recai sobre essa condição.

No entanto, considerando a revogação do Estatuto do Estrangeiro, é preciso adequar a interpretação da IN SRF 208/2002 ao contexto da lei vigente e analisar o vínculo de residência fiscal a partir da autorização

[35] Data da chegada consignada no passaporte pela autoridade local competente, nos termos do Art. 19 da IN nº 208/2002.

de residência de acordo com os requisitos, as condições, os procedimentos e prazos em que ela foi concedida.

iv. Ingresso no Brasil com visto temporário

A Lei de Migração[36] dispõe sobre o visto temporário da seguinte forma:

> Art. 14. O visto temporário poderá ser concedido ao imigrante que venha ao Brasil com o intuito de estabelecer residência por tempo determinado e que se enquadre em pelo menos uma das seguintes hipóteses:
> I — o visto temporário tenha como finalidade:
> a) pesquisa, ensino ou extensão acadêmica;
> b) tratamento de saúde;
> c) acolhida humanitária;
> d) estudo;
> e) trabalho;
> f) férias-trabalho;
> g) prática de atividade religiosa ou serviço voluntário;
> h) realização de investimento ou de atividade com relevância econômica, social, científica, tecnológica ou cultural;
> i) reunião familiar;
> j) atividades artísticas ou desportivas com contrato por prazo determinado;
> II — o imigrante seja beneficiário de tratado em matéria de vistos;
> III — outras hipóteses definidas em regulamento.

O prazo dessa modalidade de visto pode ser de até um ano, conforme previsto no art. 16 da Lei de Migração que assim dispõe:

> Art. 16. O visto temporário poderá ser concedido com prazo de validade de até um ano, e, exceto se houver determinação em contrário do Ministério das Relações Exteriores, permitirá múltiplas entradas no País enquanto o visto estiver válido.
> Parágrafo único. O prazo de validade do visto temporário não se confunde com o prazo da autorização de residência.

[36] BRASIL. **Lei nº 13.445 de 24 de maio de 2017**. Institui a Lei de Migração. Palácio do Planalto Presidência da República, Brasília, DF, 24 maio, 2017. Disponível em: http://www.planalto.gov.br/ccivil_03/_ato2015-2018/2017/lei/l13445.htm. Acesso em 12/09/2020.

Conforme constatado, existem diversas previsões legais que possibilitam a concessão de visto temporário, mas o fator determinante para fins de caracterização da residência fiscal de acordo com a Instrução Normativa nº 208/2002 é o tempo de permanência.

Nesse caso, como bem salienta Xavier[37], o elemento material (permanência física) é o que vai atrelar a residência fiscal, no fim das contas, pouco importando a natureza do visto em si. Mesmo aquele turista que em período de férias veio ao Brasil portando visto de visita e se encantou de tal forma que resolveu permanecer aqui em um ano sabático, a partir do momento em que a estadia supera 183 dias, já é considerado residente para fins fiscais e será submetido à tributação dos rendimentos e às obrigações acessórias de realizar as devidas declarações.

> O estatuto de residente adquire-se, alternativamente, pela permanência duradoura no território nacional com visto temporário, sejam quais forem as intenções do sujeito (elemento material), ou pela intenção de residência no Brasil, expressa pela posse do visto permanente (elemento formal).
>
> [...] Também se considera residente no Brasil a pessoa física proveniente do exterior que ingressar no país com visto temporário para permanência duradoura ou estável, (i) para trabalhar, com vínculo empregatício ou (ii) por qualquer outro motivo aqui permanecer por um período superior a cento e oitenta e três dias, consecutivos ou não, contado dentro de um intervalo de doze meses, da data de qualquer chegada[38].

Assim, completados 184 dias, computados dentro de um período de até 12 meses, haverá enquadramento como residente fiscal. Caso a permanência seja inferior a 184 dias, consecutivos ou não, o prazo será recontado a partir do novo ingresso ao Brasil, ou seja, somente no próximo retorno ao território brasileiro.

> (IN SRF nº 208/2002)
>
> Art. 3º Considera-se não-residente no Brasil, a pessoa física:
>
> [...]

[37] Xavier, Alberto. **Direito Tributário Internacional do Brasil.** 7ª ed. Rio de Janeiro: Forense, 2010. Título IV, Cap. II. Os elementos de conexão subjetivos, pag. 222.

[38] Xavier, Alberto. **Direito Tributário Internacional do Brasil.** 7ª ed. Rio de Janeiro: Forense, 2010. Título IV, Cap. II. Os elementos de conexão subjetivos, pag. 222.

IV — que ingresse no Brasil com visto temporário:

a) e permaneça até 183 dias, consecutivos ou não, em um período de até doze meses;

[..]

§ 1º Para fins do disposto no inciso IV, " a", do caput, caso, dentro de um período de doze meses, a pessoa física não complete 184 dias, consecutivos ou não, de permanência no Brasil, novo período de até doze meses será contado da data do ingresso seguinte àquele em que se iniciou a contagem anterior.[39].

Caso o portador de visto temporário, em período inferior aos 184 dias de permanência, seja beneficiado com uma autorização de residência, a condição de residente fiscal deve ser avaliada a partir das características da autorização concedida.

O controle do tempo de permanência é feito por meio da Carteira de Registro Nacional Migratório, de acordo com o que determina o art. 73 da Lei de Migração *in verbis*:

> Art. 73. Da Carteira de Registro Nacional Migratório constará o prazo de residência do imigrante, conforme estabelecido na autorização de residência obtida.
>
> § 1º A data de início da contagem do prazo de residência do imigrante que tenha ingressado sob o amparo de visto temporário será a da primeira entrada no País após a sua concessão.
>
> § 2º A data de início da contagem do prazo de residência do imigrante que tenha obtido autorização de residência no País será a de requerimento do registro.

v. Brasileiro que retorna ao Brasil

Brasileiros que em algum momento se tornaram não residentes, mas que regressam ao Brasil com desejo de aqui se estabelecer, no dia da efetiva chegada ao país adquirem de forma automática a condição de residente, nos termos do art. 2º, inciso IV, da IN SRF nº 208/2002: "*Art. 2º Considera-se residente no Brasil, a pessoa física:[...] IV — brasileira que adquiriu*

[39] XAVIER, Alberto. **Direito Tributário Internacional do Brasil.** 7ª ed. Rio de Janeiro: Forense, 2010. Título IV, Cap. II. Os elementos de conexão subjetivos, pag. 222.

a condição de não-residente no Brasil e retorne ao País com ânimo definitivo, na data da chegada."

> Assunto: Imposto sobre a Renda Retido na Fonte — IRRF
> Ementa: PESSOA FÍSICA. NÃO RESIDENTE. RETORNA AO PAÍS. ÂNIMO DEFINITIVO. READQUIRE CONDIÇÃO RESIDENTE.
> Pessoa física brasileira não residente no País que retorna ao Brasil com ânimo definitivo readquire a condição de residente na data de sua chegada, estando sujeita, desde então, às normas vigentes na legislação tributária aplicáveis aos demais residentes.
> Dispositivos Legais: Instrução Normativa SRF Nº 208, de 27 de setembro de 2002, arts. 2º, inciso IV, 4º e 6º [40].

> BRASILEIRO, NÃO RESIDENTE, QUE RETORNA AO BRASIL
> 116 — Brasileiro, não residente, que retorna ao território nacional readquire de imediato a condição de residente ou deve permanecer 184 dias para readquirir essa condição?
> O brasileiro que retorna ao Brasil com ânimo definitivo de aqui residir passa a ser residente a partir da data da chegada. (Instrução Normativa SRF nº 208, de 27 de setembro de 2002, art. 2º, inciso IV)[41]

É importante comentar que não há uma comunicação oficial de chegada ou mesmo uma declaração de ingresso. Como o status de residente é adquirido na data da chegada ao território nacional, caso seja necessário demonstrar a vinculação de residência fiscal, uma declaração do contribuinte anexando as respectivas passagens evidenciando o retorno ao país, acrescida ou não do comprometimento de apresentar à Instituição solicitante a Declaração de Imposto sobre a Renda de Pessoa Física no ano seguinte após a efetiva entrega, deve ser suficiente para viabilizar a

[40] RECEITA FEDERAL. **Solução de Consulta Cosit nº 07, de 27 de janeiro de 2020**. Ministério da Fazenda. Secretaria da Receita Federal. Disponível em: http://normas.receita.fazenda.gov.br/sijut2consulta/link.action?visao=anotado&idAto=107040. Acesso em 12/09/2020.

[41] RECEITA FEDERAL. **Perguntas e Respostas — Imposto sobre a Renda da Pessoa Física 2020**. Ministério da Economia. Secretaria Especial da Receita Federal. Disponível em: https://receita.economia.gov.br/interface/cidadao/irpf/2020/perguntao/p-r-irpf-2020-v-1-0-2020-02-19.pdf . Acesso em 19/09/2020.

realização de procedimentos cotidianos, como por exemplo, abertura de conta corrente, realização de investimentos, etc.

O Regulamento do Imposto de Renda de 2018 beneficia a todos aqueles que adquirem ou readquirem a condição de residente fiscal no Brasil com a isenção do Imposto de Renda sobre o ganho de capital na alienação, resgate ou liquidação de bens, direitos e aplicações financeiras no exterior, desde que eles tenham sido adquiridos na condição de não residente.

Assim, para fazer jus ao benefício da isenção é preciso observar os seguintes critérios: (i) aspecto pessoal — condição de não residente no momento da aquisição do bem ou direito, e; (ii) aspecto territorial — estarem localizados no exterior.

> (Regulamento do Imposto de Renda de 2018)
>
> Art. 154. [...]
>
> [...]
>
> § 6º Não incide imposto sobre a renda sobre o ganho auferido na alienação, na liquidação ou no resgate (Medida Provisória nº 2.158-35, de 2001, art. 24, § 6º):
>
> I — de bens localizados no exterior ou representativos de direitos no exterior, incluídas as aplicações financeiras, adquiridos, a qualquer título, na condição de não residente;
>
> [...]

A Receita Federal já se posicionou nesse sentido na Solução de Consulta (Cosit) nº 33/2015, conforme ementa *in verbis*, em que o interessado residiu na Alemanha nos anos de 1991 a 1999 e durante esse período investiu em ações. No ano 2000 ele retornou ao Brasil, passando à condição de residente, e em 2013 as ações foram vendidas com apuração de ganho de capital.[42]

> ASSUNTO: IMPOSTO SOBRE A RENDA DE PESSOA FÍSICA — IRPF IMPOSTO DE RENDA. ALIENAÇÃO DE BENS E DIREITOS

[42] RECEITA FEDERAL. **Solução de Consulta Cosit nº 33, de 26 de fevereiro de 2015.** Ministério da Fazenda. Secretaria da Receita Federal. Disponível em: http://normas.receita.fazenda.gov.br/sijut2consulta/link.action?visao=anotado&idAto=64364. Acesso em: 12/09/2020.

NO EXTERIOR ADQUIRIDOS NA CONDIÇÃO DE NÃO RESIDENTE. NÃO INCIDÊNCIA. Não incide o imposto de renda sobre ganho de capital auferido na alienação de bens localizados no exterior, ou representativos de direitos no exterior, por pessoa física, adquiridos na condição de não residente. Dispositivos Legais: Medida Provisória nº 2.158-35, de 24 de agosto de 2001, art. 24, § 6º; Instrução Normativa RFB nº 1.500, de 29 de outubro de 2014, art. 10, inciso VI.

A Solução de Consulta (Cosit) nº 128/2015 também aborda essa temática, porém o interessado não é brasileiro, mas sim estrangeiro com visto permanente desde 2012 e residente fiscal no Brasil no momento da apuração de ganho de capital relativo a direitos de invenções criadas enquanto ele ainda residia e trabalhava na França, ou seja, na condição de não residente, mas também beneficiado pela isenção relativa ao ganho de capital[43].

ASSUNTO: IMPOSTO SOBRE A RENDA DE PESSOA FÍSICA — IRPF GANHO DE CAPITAL. PESSOA FÍSICA. CESSÃO DE DIREITOS. AQUISIÇÃO. RESIDENTE NO EXTERIOR. NÃO INCIDÊNCIA. DANO MORAL. INDENIZAÇÃO. PESSOA FÍSICA. NÃO INCIDÊNCIA. O ganho de capital decorrente da cessão, no exterior, de direito formativo gerador originado também no exterior, vinculado a invenção patenteável, está abrangido, genericamente, pela hipótese de incidência do Imposto sobre a Renda e Proventos de Qualquer Natureza da Pessoa Física. Entretanto, tal cessão será objeto de não incidência do tributo em tela se a aquisição do direito tiver ocorrido quando seu titular encontrava-se na condição de não residente, a teor do disposto no art. 24, § 6º, inciso I, da Medida Provisória nº 2.158-35, de 24 de agosto de 2001. O rendimento auferido a título de indenização por dano moral, ainda que pago por fonte situada no exterior, não sofre incidência do Imposto sobre a Renda e Proventos de Qualquer Natureza da Pessoa Física, conforme disposto nas Soluções de Consulta Cosit nº 98, de 3 de abril de 2014, e nº 313, de 7 de novembro de 2014. SOLUÇÃO DE CONSULTA PARCIALMENTE VINCULADA ÀS SOLUÇÕES DE CONSULTA CO-

[43] RECEITA FEDERAL. Solução de Consulta Cosit nº 128 de 01 de junho de 2015. **Ministério da Fazenda. Secretaria da Receita Federal.** Disponível em: http://sijut2.receita.fazenda.gov.br/sijut2consulta/link.action?visao=anotado&idAto=64913. Acesso em: 12/09/2020.

SIT Nº 98, DE 3 DE ABRIL DE 2014, COM EMENTA PUBLICADA NO DOU DE 6 DE MAIO DE 2014, E Nº 313, DE 7 DE NOVEMBRO DE 2014, COM EMENTA PUBLICADA NO DOU DE 2 DE DEZEMBRO DE 2014. Dispositivos Legais: Lei nº 5.172, de 25 de outubro de 1966, arts. 114 e 116; Lei nº 7.713, de 22 de dezembro de 1988, art. 3º; Decreto-Lei nº 4.657, de 4 de setembro de 1942, arts. 8º e 9º; Medida Provisória nº 2.158- 35, de 24 de agosto de 2001, art. 24.

vi. Saída em caráter temporário ou permanente sem apresentar a comunicação de saída definitiva do país

A grande maioria dos brasileiros que decide emigrar não tem conhecimento sobre o que é necessário para formalizar a saída do Brasil, procedimentos esses que serão analisados nos próximos tópicos. Por esse motivo, é muito comum que nenhuma providência seja tomada nesse sentido.

Ocorre que durante os primeiros 12 meses após a saída do território nacional, o vínculo de residência ainda permanece. Na prática, isso significa que os rendimentos auferidos no exterior durante esse período também devem ser tributados no Brasil, ainda que já o sejam no atual país de residência.

> Assunto: Imposto sobre a Renda de Pessoa Física — IRPF
> Ementa: CONDIÇÃO DE RESIDENTE OU NÃO-RESIDENTE. FALTA DE ENTREGA DA DECLARAÇÃO DE SAÍDA DEFINITIVA. REPERCUSSÕES FISCAIS.
> A condição de residente ou não-residente independe de opção por parte do contribuinte nos casos em que se retire do Brasil sem entregar a Declaração de Saída Definitiva ou em caráter temporário: nos primeiros doze meses consecutivos de ausência, será considerado como residente no País, tendo os seus rendimentos recebidos no Brasil tributados como os demais residentes; a partir do 13º mês consecutivo de ausência, será considerado como não-residente, tendo os seus rendimentos recebidos no Brasil tributados de forma exclusiva ou definitiva na fonte.
> Dispositivos Legais: IN SRF Nº 208/2002, arts. 2º, 3º; 4º; 10; 11; e 26 a 45[44].

[44] RECEITA FEDERAL. **Solução de Consulta SRRF/7ª RF/DISIT nº18, de 27 de janeiro de 2005.** Ministério da Fazenda. Secretaria da Receita Federal. Disponível em: http://decisoes.fazenda.gov.br/netacgi/nph-brs?s10=&s9=NAO+DRJ/$.SIGL.&n=-DTPE&d=

ASSUNTO: IMPOSTO SOBRE A RENDA DE PESSOA FÍSICA — IRPF | CONDIÇÃO DE RESIDENTE OU NÃO-RESIDENTE.

A condição de residente ou não-residente da pessoa física que se ausenta do Brasil em caráter temporário é a seguinte: nos primeiros doze meses consecutivos de ausência, será considerada como residente no País, tendo os seus rendimentos recebidos no Brasil tributados como os demais residentes; a partir do 13º mês consecutivo de ausência, será considerada como não-residente, tendo os seus rendimentos recebidos no Brasil tributados de forma exclusiva na fonte ou definitiva. Retornando ao País com ânimo definitivo é considerada residente na data da chegada, submetendo-se às normas vigentes na legislação tributária aplicável aos demais residentes no Brasil, inclusive, no tocante à apresentação da Declaração de Ajuste Anual.

O empregado de empresa pública ou de sociedade de economia mista, quando a serviço específico da empresa no exterior, bem assim o contratado local de representações diplomáticas, não se enquadra no conceito de ausente no exterior a serviço do Brasil.

Dispositivos Legais: Instrução Normativa SRF nº 208, de 27.09.2002, arts. 2º, inciso IV, 3º, inciso V, 6º a 11, 12, parágrafo único e 26 a 45.[45]

Verifica-se, portanto, que o status de residente ou não residente no Brasil independe unicamente da escolha pessoal. Na verdade, é o resultado de uma combinação de elementos de conexão que levam em conta dentre outros fatores a permanência física em território.

Como consequência, ainda que a saída do país não seja devidamente formalizada perante as autoridades competentes, a ausência por período superior a 12 meses consecutivos funciona como uma espécie de enquadramento tácito à condição de não residente.

Percebe-se com isso a importância do planejamento pré-emigratório antes de deixar o Brasil, pois o simples ato de não comunicar ao Fisco a saída, pode trazer consequências indesejadas como, por exemplo,

DECW&p=9&u=/netahtml/decisoes/decw/pesquisaSOL.htm&r=172&f=-G&l=20&s1=&s6=SC+OU+DE&s3=18&s4=&s5=&s8=&s7=. Acesso em: 12/09/2020.

[45] RECEITA FEDERAL. **Solução de Consulta Cosit nº 19, de 04 de novembro de 2013.** Ministério da Fazenda. Secretaria da Receita Federal. Disponível em: http://normas.receita.fazenda.gov.br/sijut2consulta/link.action?visao=anotado&idAto=48505. Acesso em 12/09/2020.

necessidade de recolher no Brasil os tributos incidentes sobre eventual renda obtida no exterior.

A Solução de Consulta (DISIT) nº 259/2003, da Superintendência da Receita Federal na 7ª Região Fiscal ilustra justamente essa situação em que o consulente deixou o Brasil para ocupar um cargo na Organização das Nações Unidas (ONU) e não formalizou adequadamente a sua saída.

Como consequência, os rendimentos auferidos nos primeiros 12 meses de ausência, inclusive os recebidos no exterior em decorrência de seu trabalho na ONU, tiveram que ser submetidos a tributação no Brasil, o que é bastante controverso tendo em vista que os funcionários da ONU possuem isenção do imposto sobre a renda em decorrência da Convenção sobre Privilégios e Imunidades das Nações Unidas, que alcança inclusive as Agências Especializadas[46].

[46] RECEITA FEDERAL. **Perguntas e Respostas Imposto sobre a Renda da Pessoa Física — 2020.** Pergunta 136 — Qual é o tratamento tributário dos rendimentos auferidos por funcionário do Programa das Nações Unidas para o Desenvolvimento no Brasil (PNUD), da ONU? Os rendimentos do funcionário do PNUD, da ONU, têm o seguinte tratamento:
Os rendimentos do funcionário do PNUD, da ONU, têm o seguinte tratamento:
1 — Funcionário estrangeiro
Sobre os rendimentos do trabalho oriundos de suas funções específicas nesse organismo, bem como os produzidos no exterior, não incide o imposto sobre a renda. É contribuinte do imposto sobre a renda, na condição de não residente no Brasil, quanto aos rendimentos que tenham sido produzidos no Brasil, tais como remuneração por serviços aqui prestados e por aplicação de capital em imóveis no País, pagos ou creditados por qualquer pessoa física ou jurídica, quer sejam estas residentes no Brasil ou não. Caracteriza-se a condição de residente, se receber de fonte brasileira rendimentos do trabalho com vínculo empregatício.
2 — Funcionário brasileiro
Os rendimentos do trabalho oriundos de suas funções específicas nesse organismo não se sujeitam ao imposto sobre a renda, desde que o nome do funcionário conste da relação entregue à Secretaria Especial da Receita Federal do Brasil (RFB) na forma do anexo II da Instrução Normativa SRF nº 208, de 27 de setembro de 2002. Quaisquer outros rendimentos percebidos, quer sejam pagos ou creditados por fontes nacionais ou estrangeiras, no Brasil ou no exterior, sujeitam-se à tributação como os demais residentes no Brasil.
3 — Pessoa física não pertencente ao quadro efetivo
Os rendimentos de técnico que presta serviços a esses organismos, sem vínculo empregatício, na condição de perito de assistência técnica com contrato temporário com período préfixado ou por meio de empreitada a ser realizada (apresentação ou execução de projeto e/ou consultoria) não se sujeitam ao imposto sobre a renda. /PGFN/
Atenção:
Os proventos da aposentadoria, bem como as pensões, qualquer que seja a forma de pagamento, pagos pelas Nações Unidas aos seus funcionários aposentados ou aos seus depen-

Ementa: SAÍDA DEFINITIVA DO PAÍS. RENDIMENTOS DE ORGANISMOS INTERNACIONAIS. RENDIMENTOS PERCEBIDOS NO BRASIL. A Pessoa Física que se retirar do Brasil, para trabalhar no exterior, (inclusive) em organismo internacional do qual o Brasil faça parte, sem apresentar a sua Declaração de Saída Definitiva, permanece na condição de residente no país, devendo recolher o imposto, com encargos moratórios, nessa condição, tanto sobre os rendimentos que perceber no exterior, quanto sobre os que aqui possuir (aluguéis pagos por pessoas físicas), no período de 12 meses subsequentes à sua saída do Brasil (ou pelo menos até à obtenção de visto definitivo no exterior, caso isso ocorra antes de transcorrido esse período), ficando igualmente obrigada a retificar todas as declarações de ajuste anual que tiver porventura apresentado no período em que for considerado residente no país, sem prejuízo, igualmente, de acrescentar quaisquer rendimentos, porventura aqui percebidos referentes aos meses que antecederem sua saída do Brasil, a partir do primeiro mês do ano-calendário em que isso ocorreu. Decorrido tal período, passará à condição de não residente no Brasil e, por conseguinte, ficará isenta do Imposto, no tocante aos rendimentos oriundos do exterior, mas não sobre aqueles percebidos neste país e que

dentes, não estão sujeitos à tributação pelo imposto sobre a renda no Brasil. Para que os rendimentos do trabalho oriundos do exercício de funções específicas no Programa das Nações Unidas para o Desenvolvimento no Brasil (PNUD), nas Agências Especializadas da Organização das Nações Unidas (ONU), na Organização dos Estados Americanos (OEA) e na Associação Latino-Americana de Integração (Aladi), situadas no Brasil, recebidos por funcionários aqui residentes, sejam considerados isentos, é necessário que seus nomes sejam relacionados e informados à Secretaria Especial da Receita Federal do Brasil (RFB) por tais organismos, como integrantes de suas categorias por elas especificadas, em formulário específico conforme modelo constante no Anexo II da Instrução Normativa SRF nº 208, de 27 de setembro de 2002, e enviado à Coordenação-Geral de Fiscalização (Cofis) da RFB até o último dia útil do mês de fevereiro do ano-calendário subsequente ao do pagamento dos rendimentos.
(Decreto nº 27.784, de 16 de fevereiro de 1950, art. V, Seção 18, "b"; Decreto nº 52.288, de 24 de julho de 1963, art. 6º, 19ª Seção, "b "Decreto nº 59.308, de 23 de setembro de 1966, art. V; Decreto nº 63.151, de 22 de agosto de 1968; Instrução Normativa SRF nº 208, de 27 de setembro de 2002, art. 21, §§ 1º e 2º; Parecer Normativo Cosit nº 3, de 28 de agosto de 1996; Nota PGFN CRJ nº 1.549/2012; Solução de Consulta Cosit nº 64, de 7 de março de 2014; Solução de Consulta Cosit nº 194, de 5 de agosto de 2015; e Nota PGFN CRJ nº 1.104/2017). Disponível em: https://receita.economia.gov.br/interface/cidadao/irpf/2020/perguntao/p-r-irpf-2020-v-1-0-2020-02-19.pdf. Acesso em 19/09/2020.

passarão, conforme o caso, a ser tributados exclusivamente na fonte, à alíquota de 15% para aluguéis e 25% para rendimentos do trabalho (aposentadoria). Também ficará, desde então, desobrigada da apresentação da Declaração Anual de Ajuste, porém deverá continuar a manter sua inscrição no CPF, por sofrer desconto de Imposto de Renda na Fonte, bem como a efetuar sua Declaração Anual de Isento. Dispositivos Legais: Decreto nº 1.041, de 1994 (RIR/94), art. 14, §s 2º e 3º, 115 §2º, f e 743; Decreto nº 3.000, de 1999 (RIR/99), arts. 33, 685, II e 705; Instrução Normativa SRF nº 73, de 1998, arts.2º, I, c, 9º,§ 2º, 22 e 880, § único; Instrução Normativa SRF nº 186, de 2002, art. 1º.[47]

O Regulamento do Imposto de Renda 2018, trata desse tema no art. 14, que no § 3º estabelece expressamente a tratativa aplicada àqueles que se retiram do país sem a devida formalização e permanecem por período superior a 12 meses consecutivos sem retornar ao território nacional:

Da saída do País em caráter definitivo

Art. 14. Os residentes no País que se retirarem em caráter definitivo do território nacional no curso de um ano-calendário, além da declaração correspondente aos rendimentos do ano-calendário anterior, ficam sujeitos à apresentação da Declaração de Saída Definitiva do País correspondente aos rendimentos e aos ganhos de capital percebidos no período de 1º de janeiro até o dia anterior à data da saída do País, observado o disposto no art. 918 (Lei nº 3.470, de 28 de novembro de 1958, art. 17, caput e § 2º).

§ 1º O imposto sobre a renda devido será calculado por meio da utilização dos valores correspondentes à soma das tabelas progressivas mensais relativas aos meses do período abrangido pela tributação no ano-calendário (Lei nº 9.250, de 1995, art. 15).

§ 2º Os rendimentos e os ganhos de capital percebidos após a data da saída definitiva do País ficarão sujeitos à tributação exclusiva na fonte ou

[47] RECEITA FEDERAL. **Solução de Consulta SRRF/7ª RF/DISIT Nº 259, de 23 de setembro de 2003**. Ministério da Fazenda. Secretaria da Receita Federal. Disponível em: http://decisoes.fazenda.gov.br/netacgi/nph-brs?s10=@DTPE+%3E=+20000101+%3C=+20031231&s9=NAO+DRJ/$.SIGL.&n=-DTPE&d=DECW&p=1&u=/netahtml/decisoes/decw/pesquisaSOL.htm&r=1&f=G&l=20&s1=&s3=259&s4=&s5=saida+definitiva&s8=&s7=. Acesso em 12/09/2020.

definitiva, na forma estabelecida no Capítulo V do Título I do Livro III, e, quando couber, na forma estabelecida neste Livro (Lei nº 3.470, de 1958, art. 17, § 3º; e Lei nº 9.249, de 26 de dezembro de 1995, art. 18).

§ 3º *As pessoas físicas que se ausentarem do território nacional sem apresentar a Declaração de Saída Definitiva do País terão seus rendimentos tributados como residentes no País, durante os primeiros doze meses de ausência, observado o disposto no § 1º, e, a partir do décimo terceiro mês, na forma estabelecida no Capítulo V do Título I do Livro III* (Decreto-Lei nº 5.844, de 1943, art. 97, caput, alínea "b", e Lei nº 3.470, de 1958, art. 17). (grifo nosso)

2.1.3 *Não Residente Fiscal*

Agora que todas as hipóteses de caracterização de residência fiscal foram analisadas, fica bem mais fácil identificar o que vem a ser o não residente. Os principais elementos de identificação serão elencados a seguir.

a) Caráter temporário de residência

Aqui é preciso se atentar ao tempo de permanência em território brasileiro, sempre considerando um período igual ou inferior a 183 dias, consecutivos ou não, contabilizados em um período de 12 meses, e também a ausência de vontade de permanecer no Brasil. É aquela situação em que não há interesse em ficar de forma definitiva, mas tão somente o tempo necessário para realização do propósito da chegada ao país, seja uma viagem turística, ou um compromisso profissional, desenvolvimento de um projeto específico, participação em um curso, etc.

É importante lembrar os seguintes marcos temporais, considerando o período de 12 meses:

i. Até 183 dias (consecutivos ou não); não residente fiscal
ii. 184 dias ou mais (consecutivos ou não); residente fiscal

b) Ingresso no Brasil para prestação de serviços a Órgão estrangeiro

Essa hipótese é similar a o que foi visto anteriormente em relação àquele que presta serviço ao Governo brasileiro fora do território nacional e que mesmo estando longe é tratado como residente, só que nesse caso trata-se de um estrangeiro prestando serviço ao Governo de outro país, em território nacional. Como tudo na diplomacia, o tratamento será baseado na reciprocidade, ou seja, pressupõe colaboração mútua.

Assim, o critério de permanência em território a princípio será irrelevante em razão das prerrogativas diplomáticas envolvidas, de modo que os rendimentos do trabalho nessas condições serão isentos de imposto sobre a renda no Brasil e a tributação nos demais casos (aplicações financeiras, receita de aluguel, ganho de capital etc.) observará a condição de não residente.

(Decreto nº 9.580/2018 — Regulamento do Imposto de Renda de 2018)

Art. 20. Ficam isentos do imposto sobre a renda os rendimentos do trabalho percebidos por (Lei nº 4.506, de 1964, art. 5º; e Lei nº 7.713, de 1988, art. 30):

I — servidores diplomáticos de governos estrangeiros;

II — servidores de organismos internacionais de que o País faça parte e aos quais se tenha obrigado, por tratado ou convênio, a conceder isenção; ou

III — servidor não brasileiro de embaixada, consulado e repartições oficiais de outros países no País, desde que no país de sua nacionalidade seja assegurado tratamento igual a brasileiros que ali exerçam funções idênticas.

§ 1º As pessoas a que se refere este artigo serão consideradas como contribuintes não residentes em relação a outros rendimentos e ganhos de capital produzidos no País (Lei nº 4.506, de 1964, art. 5º, parágrafo único; Convenção de Viena sobre Relações Diplomáticas, art. 34 , promulgada pelo Decreto nº 56.435, de 8 de junho de 1965; e Lei nº 5.172, de 1966 — Código Tributário Nacional, art. 98).

§ 2º A isenção de que tratam os incisos I e III do caput não se aplica aos rendimentos e aos ganhos de capital percebidos por servidores estrangeiros que tenham passado à condição de residente no País (Convenção de Viena sobre Relações Diplomáticas, art. 1º e art. 37, § 2º a § 4º, promulgada pelo Decreto nº 56.435, de 1965; e Lei nº 5.172, de 1966 — Código Tributário Nacional, art. 98).

§ 3º Os rendimentos e os ganhos de capital de que trata o § 2º serão tributados como aqueles de residentes, na forma prevista neste Regulamento.

(Decreto nº 56.435/1965)[48]
Artigo 34
O agente diplomático gozará de isenção de todos os impostos e taxas, pessoais ou reais, nacionais, regionais ou municipais, com as exceções seguintes:
a) os impostos indiretos que estejam normalmente incluídos no preço das mercadorias ou dos serviços;
b) os impostos e taxas sobre bens imóveis privados situados no território do Estado acreditado, a não ser que o agente diplomático os possua em nome do Estado acreditante e para os fins da missão;
c) os direitos de sucessão percebidos pelo Estado acreditado, salvo o disposto no parágrafo 4 do artigo 39;
d) os impostos e taxas sobre rendimentos privados que tenham a sua origem no Estado acreditado e os impostos sobre o capital referentes a investimentos em empresas comerciais no Estado acreditado.
e) os impostos e taxas que incidem sobre a remuneração relativa a serviços específicos;
f) os direitos de registro, de hipoteca, custas judiciais e imposto de selo relativos a bens imóveis, salvo o disposto no artigo 23.

Importante ressaltar que o Perguntão do Imposto de Renda Pessoa Física possui alguns esclarecimentos nesse sentido, os quais veremos a seguir:

SERVIDOR DE REPRESENTAÇÃO DIPLOMÁTICA — NÃO RESIDENTE
129 — Qual é o tratamento tributário dos rendimentos recebidos por servidor diplomático, consular, oficial de representações diplomáticas estrangeiras?
Os rendimentos recebidos por esse servidor, pagos ou creditados por fontes estrangeiras, inclusive os correspondentes às funções oficiais exercidas no Brasil, não sofrem incidência do imposto sobre a renda. Os rendimentos recebidos de pessoa física ou jurídica domiciliada no Brasil são tributados como os de não residente no Brasil. Atenção:

[48] BRASIL. Decreto nº 56.435, de 8 de Junho de 1965. Promulga a Convenção de Viena sobre Relações Diplomáticas. Palácio do Planalto Presidência da República, Brasília, DF, 08 jun. 1965. Disponível em: http://www.planalto.gov.br/ccivil_03/decreto/Antigos/D56435.htm. Acesso em: 13/09/2020.

Incluem-se no conceito de servidor diplomático o chefe de representação ou missão e os demais funcionários que tenham a qualidade de diplomata ou estejam no exercício das funções consulares ou oficiais. Os rendimentos do trabalho com ou sem vínculo empregatício, de aposentadoria, de pensão e os da prestação de serviços, pagos, creditados, entregues, empregados ou remetidos por fonte pagadora situada no Brasil a não residente no Brasil, estão sujeitos à tributação exclusiva à alíquota de 25%. (Lei nº 9.779, de 19 de janeiro de 1999, art. 7º; Lei nº 13.315, de 20 de julho de 2016; Decreto nº 56.435, de 8 de junho de 1965; Decreto nº 61.078, de 26 de julho de 1967; Decreto nº 95.711, de 10 de fevereiro de 1988; Parecer Normativo CST nº 154, de 28 de abril de 1972; e Parecer Normativo CST nº 129, de 13 de setembro de 1973) Consulte as perguntas 108 e 117.

FUNCIONÁRIO ESTRANGEIRO DE REPRESENTAÇÃO DIPLOMÁTICA

130 — Qual é o tratamento tributário dos rendimentos recebidos por funcionário administrativo ou técnico estrangeiro de representações diplomáticas?

1 — Não residente no Brasil

Somente estão sujeitos à tributação no Brasil, na condição de não residente no País, os rendimentos pagos ou creditados a esse servidor por fonte pagadora situada no Brasil. Todos os demais rendimentos por ele percebidos, pagos ou creditados por fontes estrangeiras, inclusive os correspondentes às funções oficiais exercidas no Brasil, não sofrem incidência, desde que haja reciprocidade de tratamento a brasileiros que exerçam funções idênticas no país estrangeiro. Obs.: Os rendimentos do trabalho com ou sem vínculo empregatício, de aposentadoria, de pensão e os da prestação de serviços, pagos, creditados, entregues, empregados ou remetidos por pessoa física ou jurídica residente ou domiciliada no Brasil para residente no exterior, estão sujeitos à tributação exclusiva à alíquota de 25%. (Regulamento do Imposto sobre a Renda — RIR/2018, art. 20, inciso III, aprovado pelo Decreto nº 9.580, de 22 de novembro de 2018; Instrução Normativa SRF nº 208, de 27 de setembro de 2002, art. 23, inciso II; e Parecer Normativo nº 129, de 13 de setembro de 1973) 72.

2 — Residente no Brasil

Ainda que o Estado representado seja signatário da Convenção de Viena, os rendimentos pagos ou creditados a esse servidor por fontes situadas no Brasil ou no exterior, inclusive os decorrentes de suas funções específicas, sujeitam-se à tributação nas mesmas condições estabelecidas para os demais residentes no Brasil, sendo irrelevante o fato de ser servidor de representação oficial estrangeira. (Convenção de Viena, Decreto nº 56.435, de 8 de junho de 1965, art. 37, 2; Lei nº 9.779, de 19 de janeiro de 1999, art. 7º; Lei nº 13.315, de 20 de julho de 2016; e Instrução Normativa SRF nº 208, de 27 de setembro de 2002, art. 24)

EMPREGADO PARTICULAR — MISSÃO DIPLOMÁTICA 131 —
Qual é o tratamento tributário dos rendimentos auferidos por empregado particular estrangeiro de membros de missão diplomática?
1 — Não residente no Brasil
Se o Estado representado for signatário da Convenção de Viena e o empregado não tiver residência permanente no Brasil, os rendimentos do trabalho decorrentes de suas funções estão isentos do imposto sobre a renda brasileiro. Obs.: Os rendimentos do trabalho com ou sem vínculo empregatício, de aposentadoria, de pensão e os da prestação de serviços, pagos, creditados, entregues, empregados ou remetidos por fonte pagadora situada no Brasil a não residente, estão sujeitos à tributação exclusiva à alíquota de 25%.
2 — Residente no Brasil
Ainda que o Estado representado seja signatário da Convenção de Viena, os rendimentos pagos ou creditados a esse empregado por membro de missão diplomática, inclusive os decorrentes de suas funções específicas, sujeitam-se à tributação nas mesmas condições estabelecidas para os demais residentes no Brasil. Assim, os rendimentos são tributáveis no recolhimento mensal obrigatório (carnê-leão) e na Declaração de Ajuste Anual correspondente ao ano-calendário de seu recebimento, sendo irrelevante o fato de ser empregado particular de membro de representação oficial estrangeira. (Convenção de Viena, Decreto nº 56.435, de 8 de junho de 1965, art. 37, 2 e 4; Lei nº 9.779, de 19 de janeiro de 1999, art. 7º; Lei nº 13.315, de 20 de julho de 2016; e Instrução Normativa SRF nº 208, de 27 de setembro de 2002, art. 24)[49]

[49] RECEITA FEDERAL. **Perguntas e Respostas — Imposto sobre a Renda da Pessoa Física 2020**. Ministério da Economia. Secretaria Especial da Receita Federal. Disponível em: https://receita.economia.gov.br/interface/cidadao/irpf/2020/perguntao/p-r-irpf-2020-v-1-0-2020-02-19.pdf. Acesso em 19/09/2020.

A partir da leitura das perguntas e respostas reproduzidas acima, é possível constatar que a presunção de não residência daqueles que estão a serviço de Órgão estrangeiro deve ser interpretada com muita cautela. Pois, uma vez caracterizado o vínculo de residência fiscal no país, independentemente da Convenção de Viena, haverá tributação no Brasil.

vii. Ausência do Brasil em caráter temporário ou permanente sem apresentar a comunicação de saída definitiva do país — após 12 meses

A saída em caráter temporário pressupõe um prazo de ausência inferior a 12 meses. Como consequência, nos primeiros 12 meses consecutivos de ausência, mantem-se o vínculo de residência fiscal, o que significa, em outras palavras, que o Fisco Brasileiro ainda será competente para tributar o contribuinte em bases universais, alcançando inclusive o rendimento auferido no exterior durante esse período. A única forma de evitar que isso aconteça, de limitar esse poder de tributar, é por meio da formalização adequada da Comunicação e Declaração de Saída Definitiva.

Caso não tenha ocorrido nenhuma formalização nesse sentido, após decorridos os 12 meses, ou seja, a partir do primeiro dia do 13º mês de ausência, a condição de não residente é adquirida de forma tácita, considerando o afastamento sem retorno ao território nacional durante esse intervalo de tempo.

Ressalta-se mais uma vez que não se trata unicamente de uma opção — "Quero me manter como residente" –, mas sim de um conjunto de fatores que determinam se há vínculo de residência ou não, sendo o tempo de permanência/ausência no país extremamente relevante.

> TRANSFERÊNCIA DE RESIDÊNCIA — EXTERIOR
> 151 — A pessoa física que se ausenta do país pode optar pela manutenção da condição de residente no Brasil para fins tributários, ainda que preencha os requisitos para ser considerada residente no exterior?
> Não. O contribuinte tem que verificar em que condição se enquadra, ou seja, residente ou não residente no Brasil, de acordo com as condições descritas nas perguntas 106 e 108. (Instrução Normativa SRF nº 208, de 27 de setembro de 2002, arts. 2º e 3º)[50]

[50] RECEITA FEDERAL. **Perguntas e Respostas — Imposto sobre a Renda da Pessoa Física 2020**. Ministério da Economia. Secretaria Especial da Receita Federal. Disponível em: https://receita.economia.gov.br/interface/cidadao/irpf/2020/perguntao/p-r-irpf-2020-v-1-0-2020-02-19.pdf. Acesso em 19/09/2020.

viii. Saída em caráter permanente

A saída em caráter permanente ocorre quando a decisão de deixar o Brasil foi tomada de forma definitiva, todos os preparativos foram feitos e a emigração efetivamente acontece.

A condição de não residente nesse caso é obtida na data em que o residente deixa o Brasil, ou seja, na data da saída de fato; esse será o marco temporal em que cessará o poder de tributar do Estado Brasileiro, porém, é imprescindível que as formalizações necessárias em relação a essa nova condição tenham sido providenciadas nos respectivos prazos junto às autoridades competentes.

3. ACORDOS PARA TROCA AUTOMÁTICA DE INFORMAÇÕES E OS IMPACTOS NO CONTEXTO DE RESIDÊNCIA

É necessário compreender que o mundo mudou. Essa frase, embora repetida inúmeras vezes, ainda não alcançou a assimilação necessária da sociedade para que justifique não fazer uso dela ao tentar explicar que em decorrência da globalização surgiram demandas para uma cooperação internacional entre os países em matéria tributária, como forma de garantir maior estabilidade e combater a sonegação de impostos, lavagem de dinheiro e financiamento ao terrorismo.

Quando não se pode ter tudo, é preciso escolher o que é mais importante. Foi assim que o sigilo bancário e fiscal, tal como concebido no passado, precisou ser submetido a um sopesamento de princípios, e teve sua importância considerada secundária quando em conflito com bens jurídicos maiores. Isso porque, quando de um lado têm-se atos terroristas como o de 11 de setembro nos Estados Unidos da América, o narcotráfico que vitima milhares de pessoas todos os anos no Brasil e no mundo, a corrupção que condena países há séculos ao subdesenvolvimento, o crime organizado, dentre outras condutas ilícitas com impactos negativos a nível global, o direito à privacidade em relação a dados financeiros e fiscais, embora seja fundamental, foi relativizado de modo a viabilizar uma força tarefa internacional no combate a esses crimes.

A importância dessa cooperação no novo contexto social impôs adequações ao próprio conceito de soberania, pois com a assinatura de tratados para troca de informações, os Estados passaram a obrigar-se perante os demais signatários ao fornecimento de dados, tendo que adequar internamente seus respectivos ordenamentos jurídicos para atender as obrigações assumidas.

Em todo esse cenário de transparência, o direito de obter informações surge a partir da residência fiscal do reportado. A residência fiscal é o que "acende a luz" para que o Fisco possa visualizar as movimentações financeiras de seus contribuintes no exterior. Isso significa que os países terão acesso aos dados apenas daqueles que são seus residentes fiscais, identificados de acordo com o Número de Identificação Fiscal[51] (NIF) obtido no país de residência.

Como a tributação para os residentes observa, via de regra, o princípio da universalidade, pouco importa em qual país a renda será auferida, ela deverá ser tributada no país de residência e, o que antes estava "no escuro", o Fisco não conseguia enxergar e parecia inalcançável, na era do *Big Brother* Fiscal ele não somente vê como também pode cobrar o tributo devido que não foi pago.

Esse elemento reforça a necessidade de governança, disciplina e diligência em relação às obrigações tributárias, tanto as principais quanto as acessórias, para evitar ser surpreendido com uma autuação ou até mesmo uma responsabilização criminal a depender da conduta praticada.

Dessa forma, fica fácil responder ao seguinte questionamento: em que esses Acordos internacionais ou mesmo internos entre diferentes órgãos de um mesmo país, impactam o potencial emigrante e o não residente? A resposta é: em tudo e de forma permanente.

Enquanto a condição de não residente não for devidamente formalizada, o Fisco Brasileiro terá direito ao recebimento de informações dos contribuintes, como também legitimidade para analisar se os impostos devidos foram pagos corretamente e tomar as medidas cabíveis caso não tenham sido.

Ao se tornar residente fiscal estrangeiro, no que se refere aos ativos mantidos no Brasil, haverá a identificação e monitoramento das informações com possibilidade de reporte ao país de residência e a sistemática envolve, por exemplo, parcerias já existentes entre a Receita Federal, Instituições Financeiras, Comissão de Valores Mobiliários (CVM) etc.

[51] No Brasil, o CPF.

Os principais Acordos celebrados com esse escopo serão analisados a seguir de forma bastante superficial, sem entrar nos pormenores de cada um deles, apenas para facilitar a assimilação da amplitude do contexto de transparência e os cuidados necessários para a emigração.

3.1 *Foreign Account Tax Compliance Act* (FATCA)

O *Foreign Account Tax Compliance Act*, popularmente conhecido pela sigla FATCA, foi promulgado nos Estados Unidos da América em 2010, com o principal objetivo de identificar recursos no exterior de residentes fiscais americanos, sejam eles nacionais, portadores de *green card* ou visto de residência permanente e dessa forma combater a evasão fiscal.

Os bastidores de implementação dessa nova ordem de governança foram a crise de 2008 e toda a instabilidade sofrida no mercado financeiro mundial, com um aumento exponencial do desemprego e todas as consequências sociais negativas atreladas a esse indicador.

Além disso, essa sistemática de governança permite maior controle a respeito do fluxo financeiro entre os países, facilitando a identificação de origem de recurso e dificultando ainda mais cada uma das etapas do processo de lavagem de dinheiro.

Assim, como consequência do FATCA, as instituições financeiras dos países aderentes ao acordo de cooperação foram obrigadas a se adequar internamente e a reportar dados financeiros de americanos ao *Internal Revenue Service* (IRS), configurando um marco histórico na transparência fiscal global.

> Under FATCA, on the one hand, US taxpayers holding foreign financial assets are required to report this information on their annual tax return. On the other hand, foreign financial institutions have to report directly to the US Internal Revenue Service name and details of all the accounts held by US persons or foreign entities in which a US taxpayer holds substantial ownership interest.(U.S. Internal Revenue Service, 2012)[52].

[52] Gerard, Marcel. Granelli, Lucia. **From the EU Savings Directive to the US FATCA, Taxing Cross Border Savings Income.** Institut de Recherches Économiques et Sociales de l'Université catholique de Louvain. Discussion Paper 2013-7. "Nos termos da FATCA, por um lado, os contribuintes dos EUA que detenham ativos financeiros no exterior são obrigados a comunicar esta informação na sua declaração anual. Por outro lado, as instituições financeiras estrangeiras têm de reportar diretamente ao Internal Revenue Service dos EUA

Em 23 de setembro de 2014 foi aprovado o Acordo Intergovernamental (IGA) entre o Governo do Brasil e o Governo dos Estados Unidos para Melhoria da Observância Tributária Internacional e Implementação do FATCA, prevendo procedimentos de cooperação administrativa e assistência mútua por meio da troca automática de informações a respeito de dados financeiros, e desde junho de 2015[53] está em plena vigência, tendo ocorrido a primeira troca em setembro deste mesmo ano, com transações realizadas a partir do segundo semestre de 2014[54].

> No Brasil, compete à Receita Federal (RFB) captar os dados e encaminhar aos EUA, de lá recebendo, por reciprocidade, dados de brasileiros em situações análogas. [...] Em apertada síntese, o Acordo estabelece que deverão ser coletadas e reportadas informações referentes a saldos em contas no último dia útil do ano, rendimento anual bruto pago ou creditado, além de receitas de juros, dividendos e de outras receitas creditadas às contas. As informações a que se refere o IGA guardam relação com fato gerador de tributo no Brasil. Dessa forma, são passíveis de serem coletadas pela administração tributária brasileira e, de fato, em essência já há obrigatoriedade de serem informadas pelas instituições financeiras[55].

nome e detalhes de todas as contas detidas por residentes fiscais americanos ou empresas estrangeiras em que um contribuinte americano detém participação substancial (tradução livre)" (U.S. Internal Revenue Service, 2012)". Disponível em: https://dial.uclouvain.be/pr/boreal/object/boreal:127003/datastream/PDF_01/view Acesso em: 20/04/2020.

[53] BRASIL. **Decreto Nº 8506 de 24 de agosto de 2015**, promulgou o Acordo entre o Governo da República Federativa do Brasil e o Governo dos Estados Unidos da América para Melhoria da Observância Tributária Internacional e Implementação do FATCA, firmado em Brasília, em 23 de setembro de 2014.Considerando que o Congresso Nacional aprovou o Acordo por meio do Decreto Legislativo nº 146, de 25 de junho de 2015 o qual entrou em vigor para a República Federativa do Brasil, no plano jurídico externo, em 26 de junho de 2015, nos termos de seu Artigo 10. **Palácio do Planalto Presidência da República**, Brasília, DF, 24 ago. 2015. Disponível em: http://www.planalto.gov.br/ccivil_03/_ato2015-2018/2015/decreto/D8506.htm. Acesso em: 20/04/2020.

[54] Excepcionalmente para as informações e pessoas definidas pelo FATCA, o módulo de operações financeiras da e-Financeira que é o sistema utilizado pela Receita Federal do Brasil para coleta de dados das Instituições Financeiras, tornou-se obrigatório para fatos referentes aos meses de julho a dezembro do ano-calendário de 2014 (Art. 11 da Instrução Normativa da Receita Federal do Brasil nº 1571, de 02 de julho de 2015).

[55] RECEITA FEDERAL. **Acordo Brasil/EUA permitirá troca de informações sobre contribuintes**. Disponível em: http://receita.economia.gov.br/noticias/ascom/2015/

Somente na primeira troca, em 30 de setembro de 2015, foram transmitidas informações de mais de 1.555 contribuintes brasileiros considerando pessoas físicas e jurídicas, e recebidos dos Estados Unidos cerca de 25.280, conforme ilustração oficial abaixo:

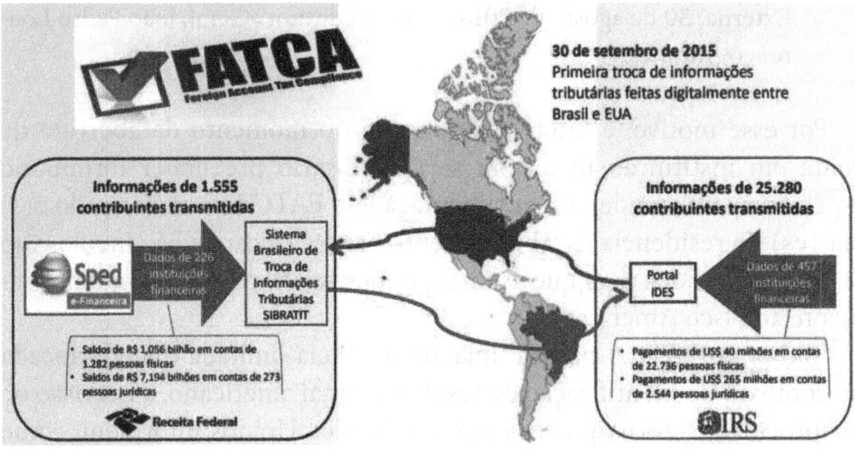

Fonte: Receita Federal do Brasil[56]

Portugal, tal como os demais países da União Europeia, também aderiu ao FATCA e desde 2016 o acordo de cooperação está em pleno vigor.

NEGÓCIOS ESTRANGEIROS

Aviso nº 101/2016

Por ordem superior se torna público que, em 10 de agosto de 2016, foi emitida a Nota, pelo Ministério dos Negócios Estrangeiros Português à Embaixada dos Estados Unidos da América em Lisboa, em que se comunica terem sido cumpridas as respetivas formalidades constitucionais internas de aprovação do Acordo entre a República Portuguesa e os Estados Unidos da América para Reforçar o Cumprimento Fiscal e Implementar o *Foreign Account Tax Compliance Act (FACTA)*, assinado em Lisboa em 6 de agosto de 2015. O referido Acordo foi aprovado pela

agosto/acordo-brasil-eua-permitira-troca-de-informacoes-sobre-contribuintes. Acesso em: 21/06/2020.

[56] RECEITA FEDERAL. **FATCA — Primeira troca**. Ministério da Economia. Secretaria da Receita Federal. Disponível em: http://receita.economia.gov.br/orientacao/tributaria/auditoria-fiscal/fatca-primeira-troca.pdf. Acesso em : 13/09/2020.

> Resolução da Assembleia da República nº 183/2016, de 17 de junho, e ratificado pelo Decreto do Presidente da República nº 53/2016, de 5 de agosto, ambos publicados no Diário da República, 1ª série, nº 150, de 5 de agosto de 2016. Nos termos do artigo 10º do referido Acordo, este entrou em vigor em 10 de agosto de 2016. Direção-Geral de Política Externa, 30 de agosto de 2016. — O Subdiretor -Geral, João Pedro Lourenço Antunes.[57]

Por esse motivo, é muito comum que no momento da abertura de conta em instituição financeira seja necessário preencher formulário específico para atender a regulamentação do FATCA, mencionando o(s) país(es) de residência fiscal justamente para verificar se há vínculo com os Estados Unidos para que as informações sejam reportadas adequadamente ao Fisco Americano.

Embora o FATCA possua uma abrangência limitada quando focada no contexto de identificação de residente fiscal americano, a previsão de reciprocidade[58] torna possível que os Estados Unidos informem, como

[57] DIÁRIO DA REPÚBLICA, 1ª série — Nº 175 — 12 de setembro de 2016, págs. 3153 e 3154. Disponível em: https://dre.pt/application/file/75307751. Acesso em: 15/06/2020.

[58] BRASIL. **Decreto nº 8506/2015.**Promulga o Acordo entre o Governo da República Federativa do Brasil e o Governo dos Estados Unidos da América para Melhoria da Observância Tributária Internacional e Implementação do FATCA, firmado em Brasília, em 23 de setembro de 2014. Artigo 6. Compromisso Mútuo de Continuar a Fortalecer a Eficácia da Troca de Informações e a Transparência.1. Reciprocidade. O Governo dos Estados Unidos reconhece a necessidade de alcançar nível equivalente de troca automática de informações com o Brasil. O Governo dos EUA está comprometido em melhorar a transparência e fortalecer a relação de troca de informações com o Brasil por meio da adoção de regulamentos e da defesa e apoio a projetos de lei pertinentes que alcancem nível equivalente de troca automática recíproca de informações. [...] 3. Desenvolvimento de Modelo Comum de Prestação e Troca de Informações. As Partes comprometem-se a trabalhar com Jurisdições Parceiras e com a Organização para Cooperação e Desenvolvimento Econômico (OCDE) para adaptar os termos do presente Acordo e de outros acordos entre os EUA e Jurisdições Parcerias a fim de encontrar modelo comum de troca automática de informações, inclusive o desenvolvimento de parâmetros para a prestação de informações e diligência devida para instituições financeiras. 4. Documentação de Contas em Funcionamento em 30 de junho de 2014. No que se refere a Contas a serem informadas mantidas por Instituição Financeira Informante em funcionamento em 30 de junho de 2014: a) Os Estados Unidos comprometem-se a estabelecer, até 1º de janeiro de 2017, para prestação de informações relativas a 2017 e anos subsequentes, regras que requeiram que Instituições Financeiras Informantes dos EUA obtenham e informem o CPF/CNPJ de cada titular de Conta Brasileira a ser Informada, tal

contrapartida, os dados de residentes fiscais brasileiros ou portugueses que mantenham ativos em território americano. Embora essa previsão de reciprocidade não necessariamente signifique obrigações assumidas na mesma proporção entre ambas as partes, como bem destaca Schueri[59],

como requerido em conformidade com o parágrafo 2(b)(1) do artigo 2º do Acordo; e b) O Brasil compromete-se a estabelecer, até 1º de janeiro de 2017, para prestação de informações relativas a 2017 e anos subsequentes, regras que requeiram que Instituições Financeiras Brasileiras Informantes obtenham e relatem o número TIN de cada Pessoa dos EUA, tal como requerido em conformidade com o parágrafo 2(a)(1) do artigo 2º do Acordo. Disponível em: http://www.planalto.gov.br/ccivil_03/_ato2015-2018/2015/decreto/D8506.htm Acesso em 15/06/2020.

PORTUGAL. **ACORDO ENTRE A REPÚBLICA PORTUGUESA E OS ESTADOS UNIDOS DA AMÉRICA PARA REFORÇAR O CUMPRIMENTO FISCAL E IMPLEMENTAR O FOREIGN ACCOUNT TAX COMPLIANCE ACT (FATCA)**, assinado em Lisboa, em 6 de agosto de 2015. [...] Considerando que as Partes pretendem celebrar um Acordo para reforçar o cumprimento fiscal internacional e permitir a implementação do FATCA com base na comunicação interna e na troca automática e recíproca nos termos da convenção e sujeita à confidencialidade e outras medidas de proteção aí contidas, incluindo as disposições limitadoras da utilização da informação trocada nos termos da convenção [...] Artigo 6º Compromisso mútuo para continuar a reforçar a eficácia da troca de informações e a transparência .1. Reciprocidade. O Governo dos Estados Unidos reconhece a necessidade de alcançar níveis equivalentes de reciprocidade na troca automática de informações com Portugal. O Governo dos Estados Unidos está empenhado em reforçar a transparência e a reforçar a relação de troca com Portugal, continuando a adotar regulamentos e a promover e a apoiar a legislação relevante para alcançar esses níveis equivalentes de reciprocidade na troca automática de informações. [...] 3. Documentação das contas mantidas em 30 de junho de 2014. Em relação às contas sujeitas a comunicação que sejam contas pré-existentes mantidas por uma Instituição financeira reportante em 30 de junho de 2014: a) Os Estados Unidos comprometem-se a estabelecer até 1 de janeiro de 2017, para a comunicação relativa a 2017 e aos anos subsequentes, a regulamentação que obriga as Instituições financeiras dos E.U.A. reportantes a obter e a comunicar o NIF português de cada Titular da conta referente a uma Conta portuguesa sujeita a comunicação, em conformidade com a subalínea (1) da alínea b) do número 2 do artigo 2º do presente Acordo; e b) Portugal compromete-se a estabelecer até 1 de janeiro de 2017, para a comunicação relativa a 2017 e aos anos subsequentes, a regulamentação que obriga as Instituições financeiras portuguesas reportantes a obter e a comunicar o NIF dos E.U.A. de cada Pessoa específica dos E.U.A., em conformidade com a subalínea (1) da alínea a) do número 2 do artigo 2º do presente Acordo. Disponível em https://dre.pt/home/-/dre/75105953/details/maximized?serie=I&dreId=75105929. Acesso em: 20/06/2020.

[59] Schueri, Luis Eduardo. Galendi Junior, Ricardo Andre. **Transparência Fiscal e Reciprocidade nas Perspectivas Interna e Internacional.** *IN:* Rocha, Valdir de Oliveira (coord). **Grandes questões atuais do direito tributário**, 19º volume. São Paulo : Dialética, 2015.

mas é uma realidade mundial sob a qual há pouco espaço para exercício de qualquer tipo de contestação ou recusa por parte dos contribuintes

> Vale dizer, os EUA não se comprometem a fornecer as mesmas informações a que o Brasil se obriga a prestar, tampouco são onerados com obrigações que possam ser consideradas equivalentes àquelas assumidas pelo Brasil. Tal elemento não passou despercebido no Congresso Nacional, tendo a "relativa assimetria no que se refere ao alcance do Acordo para o Brasil e para os Estados Unidos" sido expressamente mencionada no Parecer da Comissão de Finanças e Tributação. Contudo, esta constatação não impediu a aprovação do documento pelo Legislativo[60].

Por esse motivo é essencial a governança fiscal principalmente no que se refere ao vínculo de residência e cumprimento de obrigações tributárias.

3.2 *Common Reporting Standard* (CRS)

O *Common Reporting Standard*[61] é fruto de uma iniciativa idealizada em 2014 no âmbito da Organização para a Cooperação e o Desenvolvimento Econômico (OCDE) juntamente o G-20, grupo de países que representam cerca de 90% do PIB mundial, 80% do comércio internacional e dois terços da população mundial[62] e da União Europeia, para imple-

Disponível em: https://schoueri.com.br/wp-content/uploads/2020/10/LES-e-RAJ-Transpare%CC%82ncia-e-Reciprocidade.pdf. Acesso em: 20/12/2020.

[60] Schueri, Luis Eduardo. Galendi Junior, Ricardo Andre. **Transparência Fiscal e Reciprocidade nas Perspectivas Interna e Internacional.** *IN:* Rocha, Valdir de Oliveira (coord). **Grandes questões atuais do direito tributário**, 19º volume. São Paulo : Dialética, 2015. Disponível em: https://schoueri.com.br/wp-content/uploads/2020/10/LES-e-RAJ-Transpare%CC%82ncia-e-Reciprocidade.pdf. Acesso em: 20/12/2020.

[61] OECD (2018), **Standard for Automatic Exchange of Financial Information in Tax Matters — Implementation Handbook** — Second Edition, OECD, Paris. Disponível em: http://www.oecd.org/tax/exchange-of-tax-information/implementation-handbook-standard-for-automatic-exchange-offinancial-account-information-in-tax-matters.htm Acesso em: 20/06/2020.

[62] ITAMARATY. **O Brasil no G-20**. O G20 é integrado pela África do Sul, Alemanha, Arábia Saudita, Argentina, Austrália, Brasil, Canadá, China, Coreia do Sul, Estados Unidos, França, Índia, Indonésia, Itália, Japão, México, Reino Unido, Rússia, Turquia e União Europeia. Disponível em: http://www.itamaraty.gov.br/pt-BR/politica-externa/diplomacia-economica-comercial-e-financeira/15586-brasil-g20. Acesso em 13/09/2020.

mentação de um regime de troca automática de informações financeiras com o intuito de alcançar transparência fiscal no contexto global.

Como foi posterior ao FATCA, parte das soluções que já haviam sido implementadas internamente pelas jurisdições foram aproveitadas para aplicação também no cumprimento do CRS, maximizando eficiência, minimizando custos e proporcionando um valioso complexo de dados a respeito dos titulares de ativos financeiros ao redor do mundo, transmitidos de forma mútua e em caráter recíproco entre os países de acordo com o vínculo de residência.

Mais de 100 países — entre eles Brasil e Portugal — que representam quase a totalidade dos grandes centros financeiros do mundo aderiram ao CRS e a trocas automáticas já vem ocorrendo desde 2017 ou 2018 a depender dos termos estabelecidos. No Brasil, as primeiras informações referentes a 2017 foram transmitidas até setembro de 2018 conforme divulgado pela Receita Federal do Brasil[63].

A transmissão das informações é realizada de fisco para fisco e leva em conta os dados coletados pelas Instituições Financeiras em geral, Seguradoras e Entidades de Previdência Complementar, que no Brasil são imputados em um sistema denominado e-Financeira[64] da Receita

[63] RECEITA FEDERAL. **Receita Federal publica comentários sobre a implementação do Padrão de Declaração Comum (Common Reporting Standard — CRS).** Disponível em: https://receita.economia.gov.br/noticias/ascom/2018/fevereiro/receita-federal-publica-comentarios-sobre-a-implementacao-do-padrao-de-declaracao-comum-common-reporting-standard-crs. Acesso: 20/06/2020.

[64] RECEITA FEDERAL. **Instrução Normativa RFB nº 1571/2015.** Dispõe sobre a obrigatoriedade de prestação de informações relativas às operações financeiras de interesse da Secretaria da Receita Federal do Brasil (RFB) [...] Art. 10. A e-Financeira é obrigatória para fatos ocorridos a partir de 1º de dezembro de 2015 e deverá ser transmitida semestralmente nos seguintes prazos, observado o disposto no art. 11:(Vide Instrução Normativa RFB nº 1779, de 29 de dezembro de 2017) I — até o último dia útil do mês de fevereiro, contendo as informações relativas ao segundo semestre do ano anterior; e (Vide Instrução Normativa RFB nº 1647, de 30 de maio de 2016) II — até o último dia útil do mês de agosto, contendo as informações relativas ao primeiro semestre do ano em curso. (Vide Instrução Normativa RFB nº 1647, de 30 de maio de 2016)

§ 1º Excepcionalmente, para os fatos ocorridos entre 1º e 31 de dezembro de 2015, a e-Financeira poderá ser entregue até o último dia útil de maio de 2016.

§ 2º O prazo para entrega da e-Financeira será encerrado às 23h59min59s (vinte e três horas, cinquenta e nove minutos e cinquenta e nove segundos), horário de Brasília, do dia fixado para sua apresentação.

Federal, que em posse das informações realizará a consolidação e envio para as autoridades competentes.

É importante destacar que movimentações superiores a R$ 2.000,00 (dois mil reais)[65] já desencadeiam a obrigação de lançamento via e-Financeira. Esse montante possibilita assimilar o quão ampla é a base de dados global nesse contexto de transparência.

3.3 Mecanismos internos de cooperação para intercâmbio de informações

Para compreender de forma clara esse emaranhado de dados vinculados e transmitidos de forma recíproca é preciso detalhar o conceito de e-financeira e entender que o intercâmbio de informações ocorre em âmbito internacional, para cumprimento dos Tratados, como também em âmbito nacional como mecanismo de controle e monitoramento.

A e-financeira foi instituída pela Instrução Normativa da Receita Federal nº 1571, de 02 de julho de 2015, e consiste em um *"conjunto de*

Art. 11. Excepcionalmente, para as informações e pessoas definidas pelo Acordo entre o Governo da República Federativa do Brasil e o Governo dos Estados Unidos da América para intercâmbio de informações e melhoria da observância tributária internacional e implementação do FATCA, o módulo de operações financeiras da e-Financeira será obrigatório para fatos referentes aos meses de julho a dezembro do ano-calendário de 2014. Disponível em: http://normas.receita.fazenda.gov.br/sijut2consulta/link.action?idAto=65746&visao=anotado#:~:text=IN%20RFB%20N%C2%BA%201571%20%2D%202015&text=Disp%C3%B5e%20sobre%20a%20obrigatoriedade%20de,Federal%20do%20Brasil%20(RFB). Acesso em: 20/06/2020.

[65] RECEITA FEDERAL. **Instrução Normativa RFB nº 1571/2015**. Dispõe sobre a obrigatoriedade de prestação de informações relativas às operações financeiras de interesse da Secretaria da Receita Federal do Brasil (RFB). [...] Art. 7º As entidades de que trata o art. 4º estão obrigadas à apresentação das informações relativas às operações financeiras mencionadas nos incisos I, II e VIII a XI do caput do art. 5º, quando o montante global movimentado ou o saldo, em cada mês, por tipo de operação financeira, for superior a: I — R$ 2.000,00 (dois mil reais), no caso de pessoas físicas; e II — R$ 6.000,00 (seis mil reais), no caso de pessoas jurídicas. Disponível em: http://normas.receita.fazenda.gov.br/sijut2consulta/link.action?idAto=65746&visao=anotado#:~:text=IN%20RFB%20N%C2%BA%201571%20%2D%202015&text=Disp%C3%B5e%20sobre%20a%20obrigatoriedade%20de,Federal%20do%20Brasil%20(RFB). Acesso em: 20/06/2020.

arquivos digitais referentes a cadastro, abertura, fechamento e auxiliares, e pelos módulos de operações financeiras e de previdência privada"[66].

Esses arquivos são transmitidos pelo Sistema Público de Escrituração Digital (SPED) e é obrigatório para:

> I — as pessoas jurídicas:
>
> a) autorizadas a estruturar e comercializar planos de benefícios de previdência complementar;
>
> b) autorizadas a instituir e administrar Fundos de Aposentadoria Programada Individual (Fapi); ou
>
> c) que tenham como atividade principal ou acessória a captação, intermediação ou aplicação de recursos financeiros próprios ou de terceiros, incluídas as operações de consórcio, em moeda nacional ou estrangeira, ou a custódia de valor de propriedade de terceiros; e
>
> II — as sociedades seguradoras autorizadas a estruturar e comercializar planos de seguros de pessoas.[67]

Logo, é possível concluir que a obrigatoriedade alcança todas as entidades supervisionadas pelo Banco Central do Brasil (Bacen), pela Comissão de Valores Mobiliários (CVM), pela Superintendência de Seguros Privados (SUSEP) e pela Superintendência Nacional de Previdência Complementar (Previc), abrangendo assim todo o Sistema Financeiro Nacional.

[66] RECEITA FEDERAL. **Instrução Normativa nº 1571/2015.** Dispõe sobre a obrigatoriedade de prestação de informações relativas às operações financeiras de interesse da Secretaria da Receita Federal do Brasil (RFB). Alterada pela Instrução Normativa RFB nº 1835, de 03 de outubro de 2018. Disponível em: http://normas.receita.fazenda.gov.br/sijut2consulta/link.action?visao=anotado&idAto=65746. Acesso em: 20/09/2020.

[67] RECEITA FEDERAL. Sistema Público de Escrituração Digital. **e-Financeira — O que é.** Disponível em: http://sped.rfb.gov.br/pagina/show/1499. Acesso em: 20/09/2020.

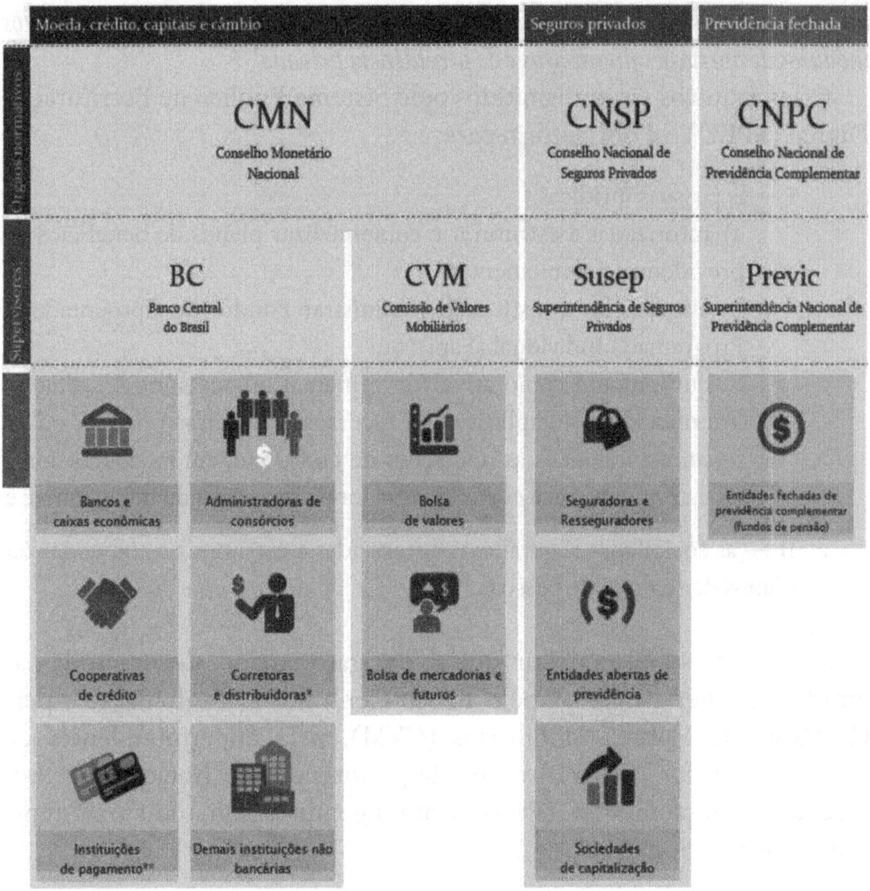

Fonte: Banco Central do Brasil[68]

As informações devem ser reportadas de forma completa, ou seja, com a inclusão de nome, nacionalidade, residência fiscal, endereço, número da conta ou equivalente, individualizados por conta ou contrato na instituição declarante, número de inscrição no Cadastro de Pessoas Físicas (CPF) ou no Cadastro Nacional da Pessoa Jurídica (CNPJ), Número de Identificação Fiscal (NIF) no exterior, quando houver, nome empresarial, os saldos e os montantes globais mensalmente movimentados e demais informações cadastrais.

[68] BANCO CENTRAL DO BRASIL. **Sistema Financeiro Nacional (SFN)**. Disponível em: https://www.bcb.gov.br/estabilidadefinanceira/sfn. Acesso em: 20/09/2020.

O rol de transações reportáveis é bastante amplo, e está contido no art. 5º da IN 1571/2015, o qual veremos integralmente a seguir:

> Art. 5º As entidades de que trata o art. 4º deverão informar no módulo de operações financeiras as seguintes informações referentes a operações financeiras dos usuários de seus serviços:
>
> I — saldo no último dia útil do ano de qualquer conta de depósito, inclusive de poupança, considerando quaisquer movimentações, tais como pagamentos efetuados em moeda corrente ou em cheques, emissão de ordens de crédito ou documentos assemelhados ou resgates à vista e a prazo, discriminando o total do rendimento mensal bruto pago ou creditado à conta, acumulados anualmente, mês a mês;
>
> II — saldo no último dia útil do ano de cada aplicação financeira, bem como os correspondentes somatórios mensais a crédito e a débito, considerando quaisquer movimentos, tais como os relativos a investimentos, resgates, alienações, cessões ou liquidações das referidas aplicações havidas, mês a mês, no decorrer do ano;
>
> III — rendimentos brutos, acumulados anualmente, mês a mês, por aplicações financeiras no decorrer do ano, individualizados por tipo de rendimento, incluídos os valores oriundos da venda ou resgate de ativos sob custódia e do resgate de fundos de investimento;
>
> IV — saldo, no último dia útil do ano ou no dia de encerramento, de provisões matemáticas de benefícios a conceder referente a cada plano de benefício de previdência complementar ou a cada plano de seguros de pessoas, discriminando, mês a mês, o total das respectivas movimentações, a crédito e a débito, ocorridas no decorrer do ano, na forma estabelecida no inciso I do caput do art. 15;
>
> V — saldo, no último dia útil do ano ou no dia de encerramento, de cada Fapi, e as correspondentes movimentações, discriminadas mês a mês, a crédito e a débito, ocorridas no decorrer do ano, na forma estabelecida no inciso I do caput do art. 15;
>
> VI — valores de benefícios ou de capitais segurados, acumulados anualmente, mês a mês, pagos sob a forma de pagamento único, ou sob a forma de renda;
>
> VII — lançamentos de transferência entre contas do mesmo titular realizadas entre contas de depósito à vista, ou entre contas de poupança, ou entre contas de depósito à vista e de poupança;

VIII — aquisições de moeda estrangeira;

IX — conversões de moeda estrangeira em moeda nacional;

X — transferências de moeda e de outros valores para o exterior, excluídas as operações de que trata o inciso VIII;

XI — o total dos valores pagos até o último dia do ano, incluindo os valores dos lances que resultaram em contemplação, deduzido dos valores de créditos disponibilizados ao cotista e as correspondentes movimentações, ocorridas no decorrer do ano, discriminadas mês a mês, a crédito e a débito, na forma estabelecida no inciso I do caput do art. 15, por cota de consórcio; e

XII — valor de créditos disponibilizados ao cotista, acumulados anualmente, mês a mês, por cota de consórcio, no decorrer do ano.

§ 1º Deverão ainda ser informados os saldos decorrentes de créditos em trânsito, assim considerados os valores aplicados ou resgatados em aplicações financeiras nos últimos dias do ano-calendário, e que somente tenham sido convertidos em ativos financeiros ou creditados em contas de depósito no ano subsequente.

§ 2º No caso de encerramento de contas ou de aplicações financeiras, deve-se informar o saldo do dia útil imediatamente anterior ao do encerramento.

§ 3º Para efeito do disposto nesta Instrução Normativa, consideram-se aplicações financeiras:

I — toda e qualquer operação de renda fixa ou a ela equiparada e as operações de swap;

II — toda e qualquer operação de renda variável; e

III — fundos e clubes de investimento de quaisquer espécies, exceto os fundos de investimento especialmente constituídos e destinados, exclusivamente, a acolher recursos de planos de benefícios de previdência complementar ou de planos de seguros de pessoas.[69]

[69] RECEITA FEDERAL. **Instrução Normativa nº 1571/2015**. Dispõe sobre a obrigatoriedade de prestação de informações relativas às operações financeiras de interesse da Secretaria da Receita Federal do Brasil (RFB). Alterada pela Instrução Normativa RFB nº 1835, de 03 de outubro de 2018. Disponível em: http://normas.receita.fazenda.gov.br/sijut2consulta/link.action?visao=anotado&idAto=65746. Acesso em: 20/09/2020.

Como foi comentado, o baixo volume financeiro que obriga as Instituições a reportarem as transações via e-Financeira permite dimensionar a amplitude real da quantidade de dados que a Receita Federal tem acesso das pessoas físicas e jurídicas, residentes e não residentes.

> Art. 7º As entidades de que trata o art. 4º estão obrigadas à apresentação das informações relativas às *operações financeiras* mencionadas nos incisos I, II e VIII a XI do caput do art. 5º, quando o montante global movimentado ou o saldo, em cada mês, por tipo de operação financeira, for superior a:
> I — R$ 2.000,00 (dois mil reais), no caso de pessoas físicas; e
> II — R$ 6.000,00 (seis mil reais), no caso de pessoas jurídicas.
> § 1º Os limites mencionados no caput deverão ser aplicados de forma agregada para todas as operações financeiras de um mesmo tipo mantidas na mesma instituição financeira.
> § 2º Na hipótese em que seja ultrapassado qualquer um dos limites de que trata o caput, as instituições deverão prestar as informações relativas a todos os saldos anuais e a todos os demais montantes globais movimentados mensalmente, ainda que para estes o somatório mensal seja inferior aos referidos limites.
> § 3º A prestação das informações de que trata este artigo contemplará todos os meses, a partir daquele cujo limite tenha sido atingido, relativo ao período de referência da informação.
> § 4º Em relação às contas do Fundo de Garantia por Tempo de Serviço (FGTS), de que trata a Lei nº 8.036, de 11 de maio de 1990, deverão ser informadas apenas aquelas cujos depósitos anuais sejam superiores a R$ 100.000,00 (cem mil reais). (grifo nosso)[70]

> Art. 8º As entidades de que trata o art. 4º estão obrigadas à apresentação das informações relativas às operações de que tratam os incisos IV a VI do caput do art. 5º, quando:

[70] RECEITA FEDERAL. **Instrução Normativa nº 1571/2015**. Dispõe sobre a obrigatoriedade de prestação de informações relativas às operações financeiras de interesse da Secretaria da Receita Federal do Brasil (RFB). Alterada pela Instrução Normativa RFB nº 1835, de 03 de outubro de 2018. Disponível em: http://normas.receita.fazenda.gov.br/sijut2consulta/link.action?visao=anotado&idAto=65746. Acesso em: 20/09/2020.

I — o saldo, em cada mês, da provisão matemática de benefícios a conceder ou do Fapi for superior a R$ 50.000,00 (cinquenta mil reais); ou

II — o montante global mensalmente movimentado, considerando-se de forma isolada, o somatório dos lançamentos a crédito e o somatório dos lançamentos a débito e o valor de benefícios ou de capitais segurados, pagos sob a forma de pagamento único, ou sob a forma de renda, for superior a R$ 5.000,00 (cinco mil reais).

§ 1º Os limites mencionados neste artigo deverão ser aplicados de forma agregada para todas as operações de um mesmo tipo mantidas na mesma entidade.

§ 2º Na hipótese em que seja ultrapassado qualquer um dos limites de que trata o caput, as entidades deverão prestar as informações relativas a todos os saldos e a todos os demais montantes globais mensalmente movimentados, ainda que para estes o somatório mensal seja inferior aos referidos limites.

§ 3º A prestação das informações de que trata este artigo contemplará todos os meses, a partir daquele cujo limite tenha sido atingido, relativo ao período de referência da informação.[71]

A Comissão de Valores Mobiliários (CVM) e a Receita Federal tem aprimorado o intercâmbio de informações consideradas como de interesse recíproco, dentre elas a identificação dos não residentes desde antes da implementação da e-Financeira.

Em 28 de maio de 2013, foi divulgada a celebração de um Convênio[72] entre ambos os órgãos como o objetivo de possibilitar que a CVM também pudesse realizar o atendimento de pessoas físicas residentes no

[71] RECEITA FEDERAL. **Instrução Normativa nº 1571/2015**. Dispõe sobre a obrigatoriedade de prestação de informações relativas às operações financeiras de interesse da Secretaria da Receita Federal do Brasil (RFB). Alterada pela Instrução Normativa RFB nº 1835, de 03 de outubro de 2018. Disponível em: http://normas.receita.fazenda.gov.br/sijut2consulta/link.action?visao=anotado&idAto=65746. Acesso em: 20/09/2020.

[72] COMISSÃO DE VALORES MOBILIÁRIOS. **Convênio que entre si celebram a União, por intermédio da Secretaria da Receita Federal do Brasil (RFB), e a Comissão de Valores Mobiliários (CVM), objetivando a ampliação dos pontos de atendimento aos interessados na prática de atos relativos ao Cadastro de Pessoas Físicas (CPF)**. Disponível em: http://www.cvm.gov.br/export/sites/cvm/convenios/anexos/Receita-Federal.pdf. Acesso em: 19/09/2020.

exterior interessadas em realizar a inscrição no Cadastro Nacional de Pessoas Físicas (CPF) e aplicar recursos no mercado financeiro nacional.

A Cláusula Terceira desse instrumento de cooperação prevê como parte dos compromissos assumidos pela CVM "*permitir acesso por servidor da RFB, responsável pelo controle de qualidade, a todas as operações relativas ao CPF abrangidas pelo convênio*".

Em 20 de julho de 2020 veio a público a celebração de um novo Convênio[73] entre ambos os Órgãos, para o desenvolvimento de um programa de cooperação técnico-administrativa, também com o propósito de unificação de procedimentos e intercâmbio de informações, relacionadas ao cadastramento, alteração e baixa no Cadastro Nacional da Pessoa Jurídica (CNPJ), para fundos de investimento e investidores não residentes[74].

> Essa consolidação pode permitir a adoção de um único canal futuramente, que passaria a alimentar os cadastros de ambos os órgãos. O convênio também autoriza o intercâmbio de informações entre a Receita e a Autarquia para aprimoramento dos serviços de coleta, tratamento, compartilhamento e armazenamento de dados cadastrais.[75]

Vê-se nitidamente que estamos sendo observados a todo momento e cada vez mais é preciso estar atendo ao cumprimento das obrigações, pois eventuais inconformidades são facilmente detectáveis e consequentemente puníveis.

[73] COMISSÃO DE VALORES MOBILIÁRIOS. **SEI/CVM — 1036604- Convênio, 18 de junho de 2020**. Disponível em: http://www.cvm.gov.br/export/sites/cvm/convenios/anexos/SRF_CNPJ.pdf Acesso em: 20/09/2020.

[74] COMISSÃO DE VALORES MOBILIÁRIOS. CVM e Receita Federal firmam convênio. Acordo prevê unificação de procedimentos e intercâmbio de informações. Disponível em: http://www.cvm.gov.br/noticias/arquivos/2020/20200720-2.html#:~:text=O%20acordo%20prev%C3%AA%20a%20unifica%C3%A7%C3%A3o,cadastros%20de%20ambos%20os%20%C3%B3rg%C3%A3os. Acesso em: 20/09/2020.

[75] COMISSÃO DE VALORES MOBILIÁRIOS. **CVM e Receita Federal firmam convênio. Acordo prevê unificação de procedimentos e intercâmbio de informações**. Disponível em: http://www.cvm.gov.br/noticias/arquivos/2020/20200720-2.html#:~:text=O%20acordo%20prev%C3%AA%20a%20unifica%C3%A7%C3%A3o,cadastros%20de%20ambos%20os%20%C3%B3rg%C3%A3os. Acesso em: 20/09/2020.

3.4 Regime de Regularização Cambial e Tributária (RERCT)

É possível dizer que o Regime de Regularização Cambial e Tributária, muito conhecido pela sigla RERCT, foi a última chamada para a conformidade antes da chegada da transparência global.

Esse Regime foi instituído pela Lei nº 13.254/2016 em conjunto com a Lei nº 13.428/2017 e ocorreu em duas rodadas, a primeira em 2016 (data-base 31 de dezembro de 2014) e a segunda em 2017 (data-base 30 de junho de 2016).

O programa possibilitou que os contribuintes que se encontravam em situação irregular perante o Fisco, pudessem efetuar a Declaração de Regularização Cambial e Tributária (Dercat) dos recursos alocados no exterior com origem lícita, mas até então não declarados, recolher o imposto e multa com alíquotas especiais e obter anistia pelos ilícitos penais cometidos.

A expressividade dos volumes declarados (R$ 50.9 bilhões)[76] somente na primeira rodada[77] do programa demonstra de forma inequívoca a essencialidade da adesão considerando o contexto global de transparência que estava para ser iniciado. A anistia criminal era o elemento mais atrativo desse regime, fundamental para viver com tranquilidade em um mundo transparente e sem espaço para ocultação de erros não corrigidos do passado.

[76] RECEITA FEDERAL. **Receita fala sobre diferença entre valores declarados e arrecadados no RERCT**. Disponível em: http://www.fazenda.gov.br/noticias/2016/novembro/receita-fala-sobre-diferenca-entre-valores-declarados-e-arrecadados-no-rerct. Acesso em: 01/07/2020.

[77] RECEITA FEDERAL. **Segunda etapa do RERCT permitiu regularização de R$ 4,6 bilhões de ativos no exterior**. Disponível em: http://idg.receita.fazenda.gov.br/noticias/ascom/2017/agosto/segunda-etapa-do-rerct-permitiu-regularizacao-de-r-4-6-bilhoes-de-ativos-no-exterior. Acesso em: 01/07/2020.

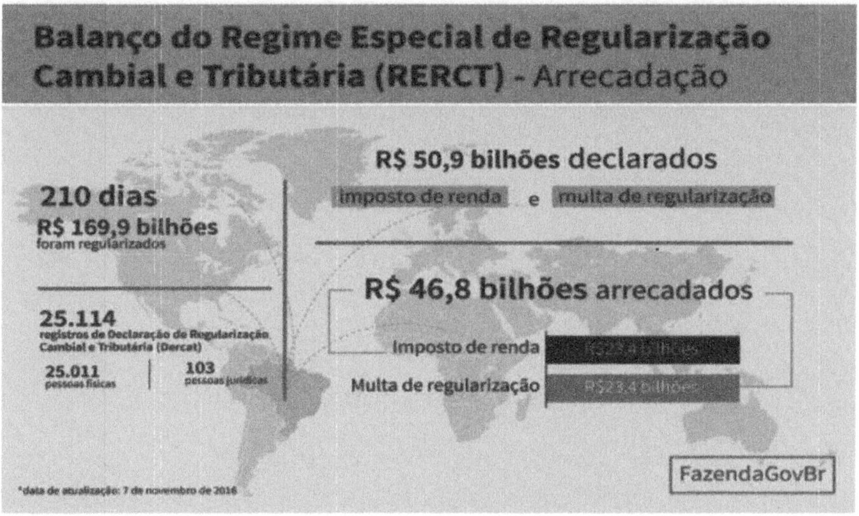

Fonte: Receita Federal do Brasil

Para aqueles que não aderiram ao Regime e consideram a saída definitiva do Brasil como uma alternativa equivocada para corrigir a situação irregular dos ativos, é importante ressaltar que o intercâmbio das informações alcança um histórico que pode servir de embasamento para uma responsabilização do contribuinte pela autoridade fiscal brasileira, além disso, o aspecto criminal das condutas praticadas não estará superado diante da ausência de anistia, com o agravante de que uma saída com o caráter de ocultação configura má-fé, tornando ainda mais obscura a situação do indivíduo.

4. FORMALIZANDO A SAÍDA DEFINITIVA DO BRASIL

Para formalizar a saída definitiva é preciso observar alguns procedimentos elencados na Instrução Normativa SRF nº 2008/2002, os quais são a Comunicação de Saída Definitiva e a Declaração de Saída Definitiva que serão analisados a seguir.

4.1 Comunicação de Saída Definitiva

O primeiro passo para formalização da saída definitiva é apresentar uma Comunicação à Receita Federal informando sobre a retirada do território nacional.

Assim, estará obrigado a apresentar a Comunicação de Saída Definitiva tanto aquele que vai residir de forma permanente em outro país, quanto o que sai em caráter temporário, mas acaba não retornando antes de completados 12 meses consecutivos de ausência.

Os prazos para realizar a comunicação são:

(a) *Saída em caráter definitivo*[78] — a partir da data em que o então residente deixa o território até o último dia útil do mês de fevereiro do ano seguinte.

[78] Nas orientações para Declaração de Saída Definitiva (2019-2020) disponíveis no site da Receita Federal há menção expressa de que a Comunicação de Saída Definitiva pode ser realizada com até 30 dias de antecedência à data da saída. "A pessoa física que, em 2019, se retirou do Brasil em caráter definitivo ou passou à condição de não residente no Brasil, quando houver saído do território em caráter temporário deverá: Apresentar a Comunicação de Saída Definitiva do País, de 30 dias antes da data de saída até o último dia do mês de fevereiro

(*b*) *Saída em caráter temporário* — como a condição de não residente somente é obtida somente após 12 meses consecutivos de ausência, o prazo para comunicação vai considerar a data em que o contribuinte se tornou não residente, como bem ilustra o exemplo[79] mencionado pela própria Receita Federal: "*O contribuinte ausentou-se do Brasil, em caráter temporário, em 10/01/2019. Em 10/01/2020 completou 12 meses consecutivos de sua ausência. Neste caso, a data a ser informada é a do dia 11/01/2020 (dia seguinte ao que completou 12 meses consecutivos de ausência do País).*" Dessa forma, considerando o exemplo dado, o prazo para apresentar a comunicação de saída definitiva seria até o último dia útil de fevereiro de 2021 (ano seguinte ao da aquisição da condição de não residente).

(Instrução Normativa SRF nº 2008/2002)

Art. 11-A. A pessoa física residente no Brasil que se retire do território nacional deve apresentar a Comunicação de Saída Definitiva do País: (Incluído(a) pelo(a) Instrução Normativa RFB nº 1008, de 09 de fevereiro de 2010)

I — a partir da data da saída e até o último dia do mês de fevereiro do ano-calendário subsequente, se esta ocorreu em caráter permanente; ou (Incluído(a) pelo(a) Instrução Normativa RFB nº 1008, de 09 de fevereiro de 2010)

II — a partir da data da caracterização da condição de não-residente e até o último dia do mês de fevereiro do ano-calendário subsequente, se a saída ocorreu em caráter temporário. (Incluído(a) pelo(a) Instrução Normativa RFB nº 1008, de 09 de fevereiro de 2010)

§ 1º A Comunicação de que trata o caput não dispensa a apresentação da Declaração de Saída Definitiva do País de que tratam os arts. 9º e 11. (Incluído(a) pelo(a) Instrução Normativa RFB nº 1008, de 09 de fevereiro de 2010)

do ano-calendário subsequente". Disponível em: http://receita.economia.gov.br/interface/cidadao/irpf/2020/declaracao/declaracao-de-saida-definitiva. Acesso em: 01/07/2020.

[79] RECEITA FEDERAL. **Orientações Gerais CSDP Multiexercício**. Disponível em: http://receita.economia.gov.br/orientacao/tributaria/declaracoes-e-demonstrativos/dirpf/comunicacao-de-saida-definitiva-do-pais/orientacoes-gerais
Acesso em: 01/07/2020.

> § 2º Os dependentes, inscritos no CPF, que se retirem do território nacional na mesma data do titular da Comunicação de que trata o caput devem constar desta. (Incluído(a) pelo(a) Instrução Normativa RFB nº 1008, de 09 de fevereiro de 2010)

Cumpre relembrar que embora o prazo para apresentação da comunicação seja sempre até o último dia útil do mês de fevereiro do ano seguinte, no que se refere a saída em caráter permanente, os efeitos da condição de não residente são aplicados na data em que o contribuinte deixou o território nacional, ainda que a formalização da comunicação ocorra no último dia do prazo no ano seguinte.

> ASSUNTO: IMPOSTO SOBRE A RENDA DE PESSOA FÍSICA — IRPF SAÍDA DO PAÍS EM CARÁTER PERMANENTE. APRESENTAÇÃO DA COMUNICAÇÃO DE SAÍDA DEFINITIVA DO PAÍS. EFEITOS.
> A pessoa física que se retira do país em caráter permanente do território nacional e apresenta a Comunicação de Saída Definitiva do País (CSDP) dentro do prazo é considerada como não residente no Brasil na data de sua saída. Dispositivos Legais: Instrução Normativa SRF nº 208, de 27 de setembro de 2002, arts. 2º, 3º e 11-A[80]

Durante o preenchimento da Comunicação de Saída Definitiva é importante incluir os dados de todas as fontes pagadoras mantidas no Brasil, pois esse procedimento é essencial para que a sistemática aplicada ao não residente de retenção na fonte do imposto de renda seja observada.

> (Instrução Normativa SRF nº 2008/2002)
> Art. 3º. [...]
> [...]
> § 2º A pessoa física não-residente que receba rendimentos de fonte situada no Brasil deve comunicar à fonte pagadora tal condição, por

[80] RECEITA FEDERAL. **Solução de Consulta Cosit nº 169, de 26 de dezembro de 2016.** Ministério da Fazenda. Secretaria da Receita Federal. Disponível em: http://normas.receita.fazenda.gov.br/sijut2consulta/anexoOutros.action?idArquivoBinario=42745Acesso em 12/09/2020.

escrito, para que seja feita a retenção do imposto de renda, observado o disposto nos arts. 35 a 45.

O próprio sistema[81], conforme ilustrado abaixo, possibilita a impressão do comunicado por fonte pagadora para que seja entregue ao destinatário específico. Em se tratando de conta em instituição financeira, é esse comunicado que deve ser disponibilizado pelo contribuinte para que seja feita a adequação dos ativos à condição de não residente conforme será mais bem detalhado a seguir.

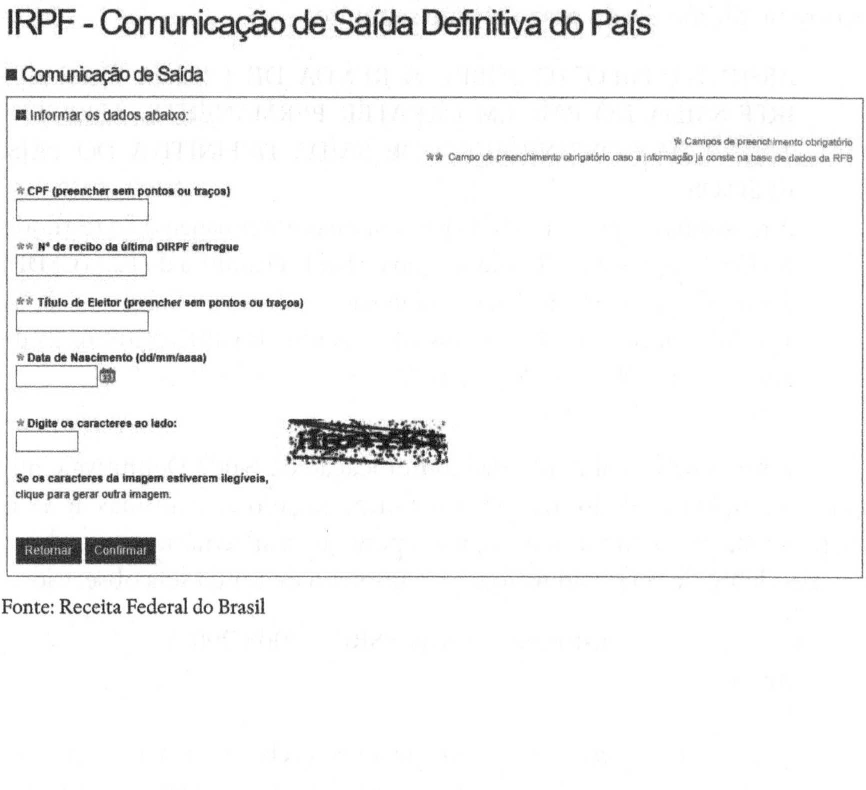
IRPF - Comunicação de Saída Definitiva do País

■ Comunicação de Saída

■ Informar os dados abaixo:

* Campos de preenchimento obrigatório
** Campo de preenchimento obrigatório caso a informação já conste na base de dados da RFB

* CPF (preencher sem pontos ou traços)

** Nº de recibo da última DIRPF entregue

** Título de Eleitor (preencher sem pontos ou traços)

* Data de Nascimento (dd/mm/aaaa)

* Digite os caracteres ao lado:

Se os caracteres da imagem estiverem ilegíveis, clique para gerar outra imagem.

Retornar Confirmar

Fonte: Receita Federal do Brasil

[81] RECEITA FEDERAL. **IRPF- Comunicação de Saída Definitiva do País**. Disponível em: http://www.csdp.receita.fazenda.gov.br/csdp/pages/comunicacao/controle-comunicacao.xhtml;jsessionid=kXVpkQ7uuGapTv-nKzjExUel. Acesso em: 20/09/2020.

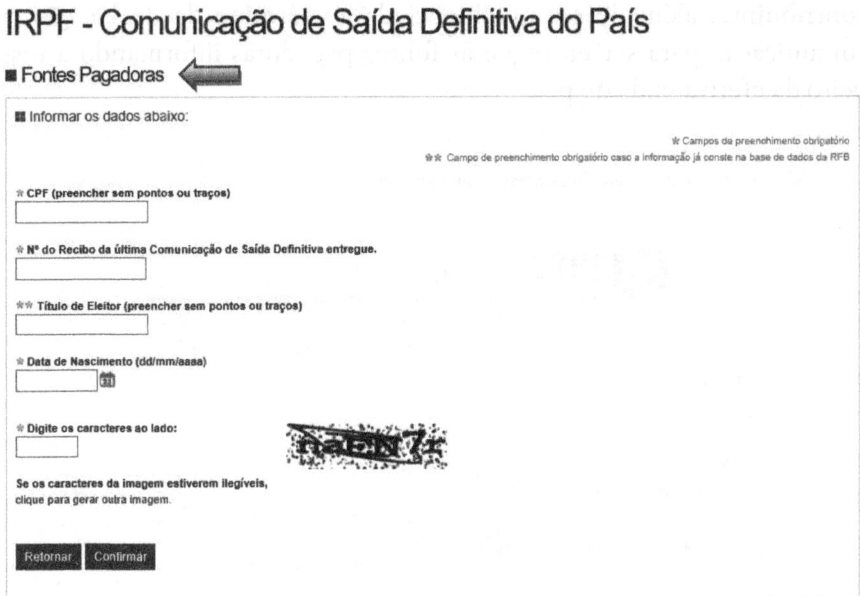

IRPF - Comunicação de Saída Definitiva do País

■ Fontes Pagadoras

■ Informar os dados abaixo:

* Campos de preenchimento obrigatório

** Campo de preenchimento obrigatório caso a informação já conste na base de dados da RFB

* CPF (preencher sem pontos ou traços)

* Nº do Recibo da última Comunicação de Saída Definitiva entregue.

** Título de Eleitor (preencher sem pontos ou traços)

* Data de Nascimento (dd/mm/aaaa)

* Digite os caracteres ao lado:

Se os caracteres da imagem estiverem ilegíveis, clique para gerar outra imagem.

Retornar Confirmar

Fonte: Receita Federal do Brasil

Por fim, importa saber que a comunicação de saída definitiva não supre a obrigação de apresentar a declaração de saída definitiva e pode ser tanto retificada, quando for constatada a incidência de erro ou omissão em relação as informações declaradas, quanto cancelada caso o contribuinte desista da saída em caráter permanente ou retorne ao Brasil após a ausência temporária.

4.2 Declaração de saída definitiva

A Declaração de Saída Definitiva[82] é essencial para acertar as contas com o Fisco Brasileiro antes do encerramento do vínculo como residente fiscal. É similar à Declaração de Ajuste Anual — inclusive observa os mesmos prazos e é utilizado o mesmo Programa IRPF — e será a última declaração dessa natureza a ser apresentada considerando a manutenção do status de não residente. Nesse momento serão apurados todos os impostos devidos e elencados todos os bens e direitos do até então

[82] RECEITA FEDERAL. **Declaração de Saída Definitiva — Orientações Gerais**. Disponível em: http://receita.economia.gov.br/interface/cidadao/irpf/2020/declaracao/declaracao-de-saida-definitiva. Acesso em: 01/07/2020.

contribuinte, além de ser providenciada ao término da declaração, a comunicação para ser entregue às fontes pagadoras informando a respeito da efetiva saída do país.

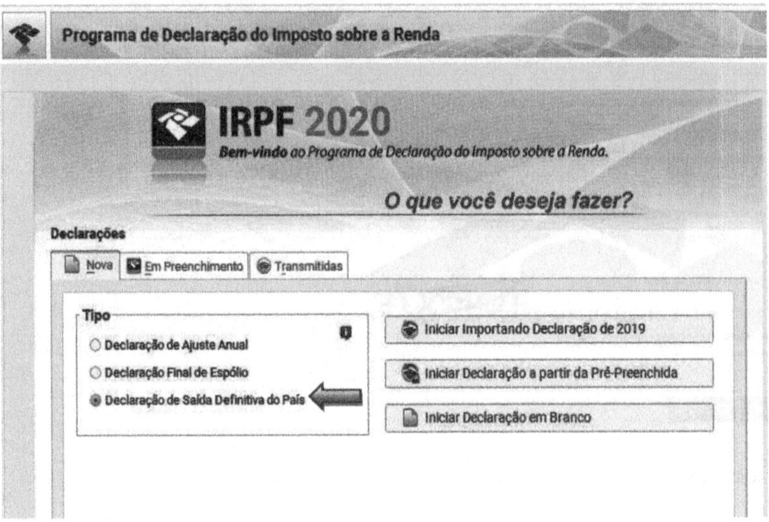

Fonte: Receita Federal do Brasil

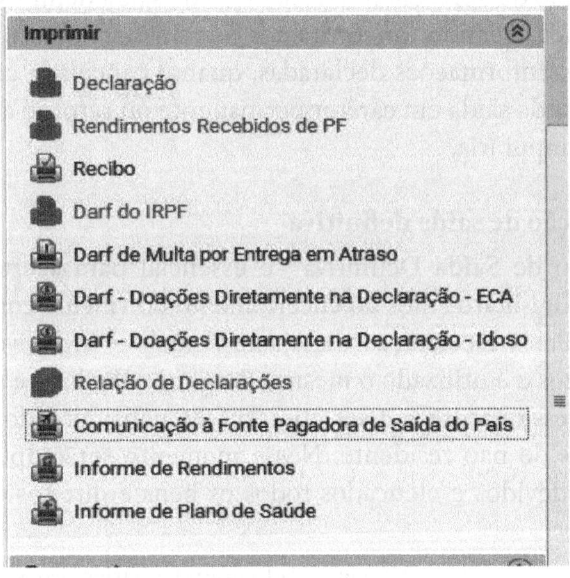

Fonte: Receita Federal do Brasil

Pela relevância que apresenta, essa declaração tem caráter obrigatório e deve ser providenciada por todos aqueles que adquirem a condição de não residente, respeitando os seguintes prazos:

(a) *Saída em caráter definitivo* — do primeiro dia útil do mês de março até o último dia útil do mês de abril do ano-calendário seguinte ao da saída.

(b) *Saída em caráter temporário* — do primeiro dia útil do mês de março até o último dia útil do mês de abril do ano-calendário seguinte ao da caracterização como residente (decorridos 12 meses consecutivos e sem retorno ao território nacional).

Caso o prazo para apresentar a declaração não seja observado, haverá incidência de multa no momento da entrega da declaração em atraso, ou seja, assim que transmitir a declaração em atraso, o contribuinte receberá automaticamente a Notificação de Lançamento da Multa. O prazo para pagamento da multa é de 30 dias a contados a partir da data da entrega da declaração[83]. O não pagamento até o vencimento acarreta a incidência de juros de mora com base na taxa Selic[84].

O valor da multa será:

(a) *Existindo imposto devido* — multa de 1% aplicada a cada mês (ou fração) de atraso, calculada sobre o valor do imposto devido, observado o valor mínimo R$ 165,74 e máximo de 20% do imposto devido.

(b) *Não existindo imposto devido* — será aplicado apenas o valor mínimo de multa que é R$ 165,74.

Como será a última prestação de contas com o Fisco, caso exista imposto a pagar, o pagamento deve ser realizado em quota única até o

[83] RECEITA FEDERAL. **Multa por atraso na entrega**. Disponível em:http://receita.economia.gov.br/interface/cidadao/irpf/2020/declaracao/multa-por-atraso-na-entrega. Acesso em: 06/07/2020.

[84] RECEITA FEDERAL. A taxa de juros equivalente à taxa referencial do Sistema Especial de Liquidação e de Custódia (Selic) para títulos federais, relativa ao mês de junho de 2020, aplicável no pagamento, na restituição, na compensação ou no reembolso de tributos federais, exigível a partir de 1º de julho de 2020 é de 0,21%. Disponível em: http://receita.eco nomia.gov.br/orientacao/tributaria/pagamentos-e-parcelamentos/taxa-de-juros-selic Acesso em: 06/07/2020.

encerramento do prazo previsto para entrega da declaração, ou seja, os DARFs precisam ser pagos até o último dia útil do mês de abril do ano em que a Declaração de Saída Definitiva for apresentada.

A Declaração de Saída Definitiva, nos termos do Art. 9º, parágrafos 4º e 5º da IN 208/2002, permite que sejam aplicadas as deduções previstas na legislação tributária, tais como: valor correspondente à dedução anual por dependente; contribuições para a Previdência Social; Previdência Complementar (observado o limite de 12%); despesas médicas e com instrução (própria e dos dependentes), etc. Caso resulte em algum imposto a restituir, é possível indicar dados bancários de conta mantida no Brasil para recebimento do valor restituído[85].

[85] RECEITA FEDERAL. **Perguntas e Respostas — Imposto sobre a Renda da Pessoa Física 2020**. Ministério da Economia. Secretaria Especial da Receita Federal. DECLARAÇÃO DE SAÍDA DEFINITIVA DO PAÍS. 113 — Como é apurado o imposto sobre a renda na Declaração de Saída Definitiva do País? Na Declaração de Saída Definitiva do País, o imposto devido é calculado mediante a utilização dos valores correspondentes à soma das tabelas progressivas mensais relativas aos meses em que o contribuinte tenha permanecido na condição de residente no Brasil, referentes ao período abrangido pela tributação no respectivo ano-calendário. Na hipótese de pleitear a restituição de imposto por meio da declaração, deve ser indicado o banco, a agência e o número da conta-corrente ou de poupança de sua titularidade em que pretende seja efetuado o crédito. 61 Determinação da base de cálculo Na determinação da base de cálculo na Declaração de Saída Definitiva do País podem ser deduzidos, observados os limites e condições fixados na legislação pertinente: I — as importâncias pagas em dinheiro a título de pensão alimentícia em face das normas do Direito de Família, quando em cumprimento de decisão judicial ou acordo homologado judicialmente, inclusive a prestação de alimentos provisionais; Atenção: Para efeitos da aplicação da referida dedução, observe-se que: 1) as importâncias pagas relativas ao suprimento de alimentos, em face do Direito de Família, serão aquelas em dinheiro e somente a título de prestação de alimentos provisionais ou a título de pensão alimentícia; 2) tratando-se de sociedade conjugal, a dedução somente se aplica, quando o provimento de alimentos for decorrente da dissolução daquela sociedade; 3) o beneficiário da pensão não necessita se enquadrar nas condições descritas na pergunta 321, que trata de dedução de dependentes; 4) não alcança o provimento de alimentos decorrente de sentença arbitral, de que trata a Lei nº 9.307, de 23 de setembro de 1996. II — o valor correspondente à dedução anual por dependente. Para o ano-calendário de 2019 esse valor está fixado em R$ 2.275,08 por dependente; III — as contribuições para a Previdência Social da União, dos estados, do Distrito Federal e dos municípios, cujo ônus tenha sido do próprio contribuinte e desde que destinadas ao seu próprio benefício; IV — as contribuições para as entidades de previdência complementar domiciliadas no Brasil, destinadas a custear benefícios complementares assemelhados aos da Previdência Social e para os Fundos de Aposentadoria Programada Individual (Fapi), cujo ônus tenha sido do próprio contribuinte e desde que destinadas a seu próprio

benefício bem assim de seus dependentes, condicionadas, entretanto, ao recolhimento, também, de contribuições para o regime geral de previdência social ou, quando for o caso, para regime próprio de previdência social dos servidores titulares de cargo efetivo da União, dos estados, do Distrito Federal ou dos municípios (para contribuições feitas a partir de 1º de janeiro de 2005, veja o tópico "Atenção" da pergunta 316); V — as contribuições para as entidades fechadas de previdência complementar de natureza pública de que trata o § 15 do art. 40 da Constituição Federal, cujo ônus tenha sido do contribuinte, destinadas a custear benefícios complementares assemelhados aos da Previdência Social; VI — as despesas médicas e as despesas com instrução, próprias, de seus dependentes e de seus alimentandos; VII — as despesas escrituradas em livro-caixa. Relativamente à dedução a que se refere o item IV, deve ser observado que: a) excetuam-se da condição nele previsto os beneficiários de aposentadoria ou pensão concedidas por regime próprio de previdência ou pelo regime geral de previdência social, mantido, entretanto, o limite de 12% (doze por cento) do total dos rendimentos computados na determinação da base de cálculo do imposto devido na Declaração de Saída Definitiva do País; b) as contribuições para planos de previdência complementar e para Fapi, cujo titular ou quotista seja dependente, para fins fiscais, do declarante, podem ser deduzidas desde que o declarante seja contribuinte do regime geral de previdência social ou, quando for o caso, para regime próprio de previdência social dos servidores titulares de cargo efetivo da União, dos estados, do Distrito Federal ou dos municípios; c) na hipótese do item "b", a dedução de contribuições efetuadas em benefício de dependente com mais de 16 anos fica condicionada, ainda, ao recolhimento, em seu nome, de contribuições para o regime geral de previdência social, observada a contribuição mínima, ou, quando for o caso, para regime próprio de previdência social dos servidores titulares de cargo efetivo da União, dos estados, do Distrito Federal ou dos municípios. Relativamente à dedução a que se refere o item V, deve ser observado que: a) desde que limitada à alíquota de contribuição do ente público patrocinador, não se sujeita ao limite de 12% (doze por cento) do total dos rendimentos computados na determinação da base de cálculo do imposto devido na Declaração de Saída Definitiva do País; 62 b) os valores de contribuição excedentes ao disposto no item "a" poderão ser deduzidos desde que seja observado o limite conjunto de dedução previsto no caput do art. 11 da Lei nº 9.532, de 10 de dezembro de 1997. Consulte a pergunta 316 As despesas médicas e com instrução de alimentandos, quando realizadas pelo alimentante em virtude de cumprimento de decisão judicial ou acordo homologado judicialmente, podem ser deduzidas a tais títulos na determinação da base de cálculo do imposto na declaração do alimentante, observados os limites e condições fixados na legislação pertinente. Pagamentos efetuados em moeda estrangeira As deduções referentes a pagamentos efetuados em moeda estrangeira são convertidas em dólares dos Estados Unidos da América, pelo valor fixado pela autoridade monetária do país no qual as despesas foram realizadas para a data do pagamento e, em seguida, em reais pela cotação do dólar fixada, para venda, pelo Banco Central do Brasil para o último dia útil da primeira quinzena do mês anterior ao do pagamento. (Lei nº 11.482, de 31 de maio de 2007, art. 2º e 3º; Lei nº 9.250, de 26 de dezembro de 1995, art. 8º, inciso II, alínea "c", item 9; Instrução Normativa SRF nº 208, de 27 de setembro de 2002, art. 9º; e Solução de Consulta Interna Cosit nº 3, de 8 de fevereiro de 2012).

4.2.1 *Declaração de Saída Definitiva e seus efeitos à luz da recente jurisprudência do CARF*

Em decisão recente do CARF, proferida no Acórdão nº 2301-007.136, sessão de 4 de março de 2020, foram abordados alguns pontos que merecem atenção especial, relacionados à necessidade de declaração de saída definitiva para caracterização de não residente[86]:

> ASSUNTO: IMPOSTO SOBRE A RENDA DE PESSOA FÍSICA (IRPF) | Ano-calendário: 2010
> IRPF. RENDA AUFERIDA NO EXTERIOR.
> Submetem-se à tributação no Brasil os rendimentos tributáveis auferidos no exterior por contribuinte residente. *É residente no Brasil o contribuinte pessoa física brasileiro que tenha deixado o país sem cumprir o dever acessório de comunicar a saída definitiva à Administração Tributária. A apresentação regular da Declaração de Ajuste Anual no Brasil estabelece a residência neste país.*
> DUPLA RESIDÊNCIA FISCAL. BRASIL E PORTUGAL. CONVENÇÃO. REGRA DE APLICAÇÃO.
> Havendo residência no Brasil e em Portugal, o contribuinte será residente, para fins fiscais, no país em que esteja o centro de interesses vitais. Possuindo bens, negócios e rendimentos no Brasil, este será o país de residência fiscal. *(grifo nosso)*

O processo administrativo tratou da impugnação de um Auto de Infração da Receita Federal contra um contribuinte que residindo em Portugal desde 1993, equivocadamente apresentou Declaração de Imposto de Renda Pessoa Física (DIRPF) referente ao ano calendário 2010, exercício 2011, por acreditar que o fato de manter imóveis no Brasil acarretava a necessidade de declaração. Para autuação, o Fisco alegou que houve omissão de rendimentos recebidos de pessoa jurídica e de rendimentos do trabalho creditados no Brasil, resultantes de vínculo empregatício

Disponível em: https://receita.economia.gov.br/interface/cidadao/irpf/2020/perguntao/p-r-irpf-2020-v-1-0-2020-02-19.pdf . Acesso em 19/09/2020

[86] BRASIL. Conselho Administrativo de Recursos Fiscais (CARF). **Acórdão nº 2301-007.136.** Relator: Cleber Ferreira Nunes Leite. Data da Sessão: 04.03.2020. Disponível em: https://carf.fazenda.gov.br/sincon/public/pages/ConsultarJurisprudencia/listaJurisprudenciaCarf.jsf Acesso em: 25/09/2020.

com empresa Portuguesa, por meio de exercício de cargo assalariado em Portugal, onde à época possuía residência fixa.

O voto vencedor traz uma interpretação bastante controversa a respeito da caracterização da condição de residente, ao estabelecer que o contribuinte só perde a condição de residente "se efetuar a regular comunicação à Administração Tributária, *mediante a ocorrência cumulativa de três condições*":

(a) retirar-se do território nacional (art. 11-A, caput, da IN nº 208, de 2002);
(b) apresentar a Comunicação de Saída Definitiva do país no prazo estabelecido pela norma (art. 11-A, caput e incisos I e II da IN nº 208, de 2002)
(c) apresentar a Declaração de Saída Definitiva do país art. 11-A, §1º da IN nº 208, de 2002)

Além disso, nos dizeres do julgador conforme trecho da decisão abaixo transcrito: é reconhecida a natureza de obrigação acessória da declaração de saída definitiva, no entanto ela é considerada "dever essencial para se tornar não residente no país"; o fato de apresentar Declaração de Ajuste Anual por si só já demonstra a intenção de manter o vínculo fiscal no Brasil, ou seja, de atestar a condição de residente; as provas de ausência física do território nacional e diversos elementos que demonstram a existência de um centro de interesses vitais em Portugal foram consideradas insuficientes para afastar o vínculo de residência fiscal com o Brasil; mesmo em se tratando de países com acordo celebrado para evitar a dupla tributação, como Brasil e Portugal, há possibilidade de enquadramento como residente e consequente tributação em ambas as jurisdições (dupla residência fiscal).

> O recorrente não fez prova de que tenha cumprido as obrigações acessórias necessárias para se estabelecer sua condição de não-residente, pelo contrário, *ao invés de apresentar a Declaração de Saída Definitiva do País, continuou a apresentar Declarações de Ajuste Anual, o que comprova o seu interesse e a sua intenção de manter o vínculo fiscal com o país.* Portanto, nos termos do que consta no inc. V do art. 2º da IN nº 208, de 2002, o recorrente é residente para efeitos fiscais.

> *As provas juntadas afirmam apenas que o contribuinte patrício mora em Portugal e possui rendimentos e negócios lá, sendo inclusive residente naquele país para fins fiscais.* Entretanto, essa circunstância, por si apenas, não o afasta de cumprir a legislação tributária brasileira, mesmo que possua residência fiscal naquele país e esteja sujeito às normas fiscais portuguesas. *É plenamente possível, como bem asseverou o relator, que um contribuinte possua mais de uma residência fiscal. Vejo que é o caso, pois o recorrente, em nenhum momento, cumpriu com o dever essencial para se tornar não-residente no Brasil, embora tenha se mudado para Portugal* (grifo nosso)[87]

É imperioso destacar que tanto a comunicação quanto a declaração de saída definitiva são obrigações acessórias, com natureza puramente declaratória e sujeitas ao prazo decadencial previsto no art. 173, inciso I, do CTN, que é de 5 anos.

> [...] o STJ tem firme a interpretação de que se aplica o art. 173, I, do CTN, ao prazo decadencial quinquenal para lançamento de créditos de tributos sujeitos inicialmente a lançamento por homologação nas seguintes condições: 1) Quando o sujeito passivo não declara um valor a pagar e também não o paga;
> 2) Quando o sujeito passivo declara um valor a pagar, mas não o paga (mesmo quando o motivo da ausência de pagamento é que o valor declarado é zero ou é informado saldo credor);
> 3) Quando o sujeito passivo deixa de antecipar o pagamento do tributo utilizando de dolo, fraude ou simulação;
> 4) *Quando o sujeito passivo descumpre obrigação tributária acessória, sendo essa conduta passível de penalidade.*[88] (grifo nosso)

[87] BRASIL. Conselho Administrativo de Recursos Fiscais (CARF). **Acórdão nº 2301-007.136.** Relator: Cleber Ferreira Nunes Leite. Data da Sessão: 04.03.2020. Disponível em: https://carf.fazenda.gov.br/sincon/public/pages/ConsultarJurisprudencia/listaJurisprudenciaCarf.jsf Acesso em: 25/09/2020.

[88] Gradvoh, Michel André Bezerra Lima. **Análise e crítica da jurisprudência do STJ sobre o início do prazo decadencial para constituição de crédito de Tributos sujeitos ao lançamento por homologação.** Disponível em: http://www.auditece.org.br/attachments/article/18008/ARTIGO%20MICHEL%20GRADVOHL%20-%20REVISTA%20SUPERIOR.pdf. Acesso em: 06/07/2020.

> CONTRIBUIÇÕES SOCIAIS PREVIDENCIÁRIAS
> Período de apuração: 01/03/2001 a 31/10/2006
> CONTRIBUIÇÕES PREVIDENCIÁRIAS. OBRIGAÇÃO ACESSÓRIA. DECADÊNCIA. No caso de aplicação de multa pelo descumprimento de obrigação acessória não há que se falar em antecipação de pagamento por parte do sujeito passivo. *Assim, para fins de contagem do prazo decadencial, há que se aplicar a regra geral contida no art. 173, inciso I do CTN.*[89]

Logo, considerar que o cumprimento de uma obrigação acessória é "dever essencial" para se tornar não residente no país é privilegiar a forma em detrimento da essência, eliminando todo o entendimento explicitado a respeito dos elementos de conexão que determinam o vínculo de residência fiscal com essa atribuição, sem respaldo, de caráter constitutivo de direito a um ato puramente declaratório.

É o mesmo que afirmar que não importa o que diz o art. 10º, parágrafo 2 da IN nº 208/2002[90], ou tempo de presença física ou ausência no território, ou mesmo onde está localizado o centro de interesses vitais do indivíduo, a condição de não residente não pode ser obtida por meio de fatos, considerando o aspecto material da condição (essência), mas, nos dizeres do Julgador, tão somente pela observância da forma, ou seja, o não residente somente será assim considerado no Brasil se houver uma declaração atestando o seu status de não residência.

Esse posicionamento é absolutamente contrário ao já consolidado por meio de outras decisões do CARF, Perguntas e Respostas IRPF, e soluções de consulta abaixo transcritas que reconheciam de forma automática o status de não residente após comprovados os 12 meses

[89] BRASIL. Conselho Administrativo de Recursos Fiscais (CARF). **Acórdão nº 2301-007.136.** Relator: Cleber Ferreira Nunes Leite. Data da Sessão: 04.03.2020. Disponível em: https://carf.fazenda.gov.br/sincon/public/pages/ConsultarJurisprudencia/listaJurisprudenciaCarf.jsf Acesso em: 25/09/2020.

[90] RECEITA FEDERAL. **Instrução Normativa 208/2002.** Art. 10. [...] § 2º *Caso a pessoa física se retire em caráter permanente do território nacional sem apresentar a Comunicação de Saída Definitiva do País, de que trata o art. 11-A, nem a Declaração de Saída Definitiva do País, de que trata o art. 9º, seus rendimentos serão tributados nos termos previstos no § 1º do art. 11 durante os primeiros 12 (doze) meses, contados a partir da data da saída, e, a partir do 13º (décimo terceiro) mês,* conforme o disposto nos arts. 26 a 45. (Redação dada pelo(a) Instrução Normativa RFB nº 1008, de 09 de fevereiro de 2010) (grifo nosso). Disponível em: http://normas.receita.fazenda.gov.br/sijut2consulta/link.action?visao=anotado&idAto=15079. Acesso em 27/09/2020.

consecutivos de ausência, mesmo sem ter sido apresentada a Comunicação e a Declaração de Saída Definitiva.

> CONDIÇÃO DE RESIDENTE OU NÃO-RESIDENTE. FALTA DE ENTREGA DA DECLARAÇÃO DE SAÍDA DEFINITIVA. REPERCUSSÕES FISCAIS.
> *A condição de residente ou não-residente independe de opção por parte do contribuinte nos casos em que se retire do Brasil sem entregar a Declaração de Saída Definitiva ou em caráter temporário: nos primeiros doze meses consecutivos de ausência, será considerado como residente no País, tendo os seus rendimentos recebidos no Brasil tributados como os demais residentes; a partir do 13º mês consecutivo de ausência, será considerado como não-residente, tendo os seus rendimentos recebidos no Brasil tributados de forma exclusiva ou definitiva na fonte.* Dispositivos Legais: IN SRF Nº 208/2002, arts. 2º, 3º; 4º; 10; 11; e 26 a 45. [...] Da leitura dos dispositivos transcritos, em conjunto com as informações prestadas pelo consulente, pode-se verificar que, *embora não tenha informado à SRF a sua saída definitiva do Brasil, por meio da respectiva Declaração de Saída Definitiva do País, a sua condição de não-residente ficou caracterizada após doze meses de sua ausência.* Por outro lado, tendo retornado ao Brasil com ânimo definitivo, readquiriu a condição de residente no País. *De se notar, por oportuno, que as normas vigentes não possibilitam que a pessoa física opte por manter a condição de residente ou não, posto que elas determinam as condições para tais enquadramentos.6. Cabe ressaltar que essas condições impõem tributações diferenciadas: durante o período em que a pessoa física está na condição de não-residente, os rendimentos recebidos de fontes situadas no Brasil ficam sujeitos à tributação exclusiva na fonte ou definitiva (artigos 10 c/c artigos 26 a 45 da IN SRF nº 208/2002), enquanto que, nos doze primeiros meses de ausência, a tributação se dá nas mesmas bases dos demais residentes* (artigo 11, parágrafo 1º da citada IN).[91] (grifo nosso)

[91] RECEITA FEDERAL. **Solução de Consulta Nº 18, de 27 de janeiro de 2005**. Superintendência Regional da Receita Federal, 7ª Região Fiscal Disponível em: http://decisoes.fazenda.gov.br/netacgi/nph-brs?s10=&s9=NAO+DRJ/$.SIGL.&n=-DTPE&d=DECW&p=9&u=/netahtml/decisoes/decw/pesquisaSOL.htm&r=172&f=G&l=20&s1=&s6=SC+OU+DE&s3=18&s4=&s5=&s8=&s7=. Acesso em: 16/01/2020.

IMPOSTO SOBRE A RENDA DE PESSOA FÍSICA IRPF
Exercício: 2000
PESSOA FÍSICA. CONDIÇÃO DE NÃORESIDENTE NO PAÍS. Não tendo sido apresentada a declaração de saída definitiva do país, a aquisição da condição de não residente depende da comprovação pelo contribuinte de sua ausência, por mais de doze meses consecutivos. Recurso voluntário negado. [...] *Art. 2° Para efeito do disposto nesta Instrução Normativa, considera-se: [...] II — não residente no País, qualquer pessoa física: [...] f) que houver saído do Brasil em caráter temporário, a partir do primeiro dia subseqüente aquele em que se completarem os doze primeiros meses de ausência, contados da data de sua saída.*

[..]

A leitura do trecho em destaque revela que se a pessoa física ausentar-se do País, em caráter temporário, pelo período de 12 meses, será considerada não residente a partir do primeiro dia seguinte ao referido lapso temporal.

Como prova de sua ausência do Brasil o contribuinte apresentou à autoridade fiscalizadora cópia do seu passaporte. Nesse contexto, destaque-se que, examinando os vistos que lhe foram concedidos em caráter temporário, a autoridade fiscal elaborou o demonstrativo denominado REGISTROS DE SAÍDA DO TERRITÓRIO NACIONAL, fls. 137/138 (fls. 143/144 processo digital), do qual se observa que desde a primeira entrada conhecida no território norte-americano (30/12/1994) até a aquisição do visto permanente pelo contribuinte (em 26/07/2000) ocorreram 31 (trinta e um) registros de entrada nos Estados Unidos da América, praticamente nas cidades de Miami e Orlando. Em outras palavras, isso significa dizer que, em média, o contribuinte desembarcou naquele país a cada dois meses e cinco dias. Diante de tantos deslocamentos destinados ao território norte-americano fica prejudicada a tentativa do contribuinte em demonstrar que, apesar de não haver requerido a certidão negativa para saída definitiva do País, estaria sujeito às regras de tributação previstas para as pessoas físicas não residentes no Brasil a partir do décimo terceiro mês de sua ausência.

Não se trata, pois, de simples presunção, conforme pretende o recorrente direcionar a discussão do fato constatado pela autoridade fiscal a partir dos vistos apostos no passaporte examinado.

Outros documentos também foram apresentados pelo contribuinte, quer à época das verificações fiscais, quer após a instauração do litígio administrativo fiscal, com a intenção de comprovar a sua condição de não residente no Brasil. Em que pese tais documentos indicarem as relações jurídicas mantidas pelo contribuinte durante sua permanência no país estrangeiro, à vista dos diversos deslocamentos por ele realizados àquele país, conforme se destacou anteriormente, esses documentos não conseguem certificar a ausência do Brasil pelo período de tempo de doze meses, condição legal imperativa.

Portanto, uma vez constatada a não apresentação de declaração de saída definitiva do País, correta a conclusão da decisão recorrida no sentido de que cabe ao contribuinte comprovar a ausência, por mais de doze meses consecutivos, para aquisição da condição de não residente, prova esta não realizada nos autos.[92]

Assunto: Imposto sobre a Renda de Pessoa Física — IRPF
Ano-calendário: 1995
APLICAÇÃO DO ART. 57 § 3º DO REGIMENTO INTERNO DO CARF. FACULDADE DO JULGADOR. Plenamente cabível a aplicação do respectivo dispositivo regimental uma vez que a Recorrente não inova nas suas razões já apresentadas em sede de impugnação, as quais foram claramente analisadas pela decisão recorrida. ACRÉSCIMO PATRIMONIAL A DESCOBERTO.

Na determinação do acréscimo não justificado, devem ser levantadas as mutações patrimoniais, mensalmente, confrontando-as com os rendimentos do respectivo mês, com transporte para o período seguinte dos saldos positivos apurados em um período mensal, dentro do mesmo ano-calendário, evidenciando, desta forma, a omissão de rendimentos a ser tributada em cada mês.

PESSOA FÍSICA. CONDIÇÃO DE NÃO-RESIDENTE NO PAÍS. Não tendo havido apresentação de declaração de saída definitiva do país,

[92] BRASIL. Conselho Administrativo de Recursos Fiscais (CARF). **Acórdão nº 2802-002.914.** Relator(a): Jaci de Assis Junior. Data da Sessão: 16.07.2014. Disponível em: http://carf.fazenda.gov.br/sincon/public/pages/ConsultarJurisprudencia/listaJurisprudenciaCarf.jsf. Acesso em: 25/09/2020.

cabe ao contribuinte comprovar a ausência, por mais de doze meses consecutivos, para aquisição da condição de não-residente.[...].[93]

RESIDENTE — SAÍDA TEMPORÁRIA OU DEFINITIVA SEM ENTREGA DE COMUNICAÇÃO
114 — Como é considerada a pessoa física que se retire em caráter temporário do Brasil ou, se em caráter permanente, sem a entrega da Comunicação de Saída Definitiva do País? A pessoa física que se retire do Brasil em caráter temporário ou, se em caráter permanente, sem a entrega da Comunicação de Saída Definitiva do País, é considerada: I — como residente no Brasil, durante os primeiros 12 meses consecutivos de ausência; II — como não residente, a partir do 13º mês consecutivo de ausência. (Instrução Normativa SRF nº 208, de 27 de setembro de 2002, arts. 2º, inciso V, e 3º, inciso II e V)[94]

No que se refere à apresentação de Declaração de Imposto de Renda Pessoa Física (DIRPF) após a saída do país, é muito comum que os contribuintes cometam esse equívoco quando alguns ativos são mantidos no Brasil. Contudo, embora seja uma conduta incompatível com o status de não residente, tendo em vista que é uma obrigação atribuída apenas aos residentes fiscais no Brasil, por si só, o equívoco de apresentação da DIRPF não possui relevância para descaracterizar a condição de não residente, o que inclusive foi reconhecido pelo próprio Relator da decisão.

No entanto, para evitar qualquer tipo de questionamento a respeito da vinculação, é importante que o contribuinte não apresente a DIRPF após a Declaração de Saída Definitiva caso não tenha retornado à condição de residente no Brasil durante o ano calendário.

[93] BRASIL. Conselho Administrativo de Recursos Fiscais (CARF). **Acórdão nº 2201-004.737**. Relator: Marcelo Milton da Silva Risso. Data da Sessão: 03.10.2018. Disponível em: http://carf.fazenda.gov.br/sincon/public/pages/ConsultarJurisprudencia/listaJurisprudenciaCarf.jsf. Acesso em: 25/09/2020.

[94] RECEITA FEDERAL. **Perguntas e Respostas — Imposto sobre a Renda da Pessoa Física 2020**. Ministério da Economia. Secretaria Especial da Receita Federal. Disponível em: http://receita.economia.gov.br/interface/cidadao/irpf/2020/perguntao/pr-irpf-2020-v-1-2-2020-04-13_publicacao.pdf. Acesso em: 25/09/2020.

Já sobre a suposta caracterização de dupla residência fiscal considerando Brasil e Portugal, Xavier[95] ensina que certos ordenamentos possibilitam, como cláusula antiabuso[96], a permanência do estatuto de residente, em caráter geral ou para certos efeitos fiscais ainda que o contribuinte tenha transferido seu domicílio para o exterior (domicílio alargado), como forma de coibir a prática conhecida como *expatriação fiscal,* que consiste na transferência de domicílio apenas com o intuito de reduzir a carga tributária, quando a emigração tem como destino países que possuem algum tipo de favorecimento fiscal.

Assim, o regime de domicílio "alargado" mantém a vinculação como residente por um certo período de tempo ou até que cumpridos determinados requisitos e funciona como uma espécie de "direito de sequela" ao permitir a tributação baseada no domicílio originário. No Brasil, esse regime está previsto art. 27 da Lei 12.249/2010[97], é aplicado apenas quando a emigração tem como destino países considerados como de tributação favorecida ou regime fiscal privilegiado — o que não se aplica a Portugal, com exceção ao regime do Centro Internacional de Negócios da Madeira (CINM)[98] — e possibilita a vinculação da residência brasi-

[95] XAVIER, Alberto. **Direito Tributário Internacional do Brasil.** 7ª ed. Rio de Janeiro: Forense, 2010. Título IV, Cap. IV. Elisão Fiscal e Elementos de Conexão. Pág. 278.

[96] Mecanismo para evitar condutas de planejamento tributário abusivas.

[97] Art. 27. A transferência do domicílio fiscal da pessoa física residente e domiciliada no Brasil para país ou dependência com tributação favorecida ou regime fiscal privilegiado, nos termos a que se referem, respectivamente, os arts. 24 e 24-A da Lei nº 9.430, de 27 de dezembro de 1996, somente terá seus efeitos reconhecidos a partir da data em que o contribuinte comprove:
I — ser residente de fato naquele país ou dependência; ou
II — sujeitar-se a imposto sobre a totalidade dos rendimentos do trabalho e do capital, bem como o efetivo pagamento desse imposto.
Parágrafo único. Consideram-se residentes de fato, para os fins do disposto no inciso I do caput deste artigo, as pessoas físicas que tenham efetivamente permanecido no país ou dependência por mais de 183 (cento e oitenta e três) dias, consecutivos ou não, no período de até 12 (doze) meses, ou que comprovem ali se localizarem a residência habitual de sua família e a maior parte de seu patrimônio.

[98] RECEITA FEDERAL. **Instrução Normativa RFB Nº 1037**, de 04/06/2010. Relaciona países ou dependências com tributação favorecida e regimes fiscais privilegiados. Art. 1º Para efeitos do disposto nesta Instrução Normativa, consideram-se países ou dependências que não tributam a renda ou que a tributam à alíquota inferior a 20% (vinte por cento) ou, ainda, cuja legislação interna não permita acesso a informações relativas à composição societária de pessoas jurídicas ou à sua titularidade, as seguintes jurisdições: I — Andorra;

leira até que o contribuinte comprove: I — ser residente de fato naquele outro país ou dependência, e; II — estar sujeito a tributação sobre a totalidade dos rendimentos do trabalho e do capital e pagar efetivamente esse imposto.

O Regulamento do Imposto de Renda 2018 reproduz o regime de domicílio alargado previsto na Lei nº 12.249/2010, no Capítulo II que trata da transferência de domicílio, em art. 29, que dispõe da seguinte forma:

II — Anguilla; III — Antígua e Barbuda; V — ~~Antilhas Holandesas~~ (Revogado(a) pelo(a) Instrução Normativa RFB nº 1658, de 13 de setembro de 2016); V — Aruba; VI — Ilhas Ascensão; VII — Comunidade das Bahamas; VIII — Bahrein; IX — Barbados; X — Belize; XI — Ilhas Bermudas; XII — Brunei; XIII — Campione D' Italia; XIV — Ilhas do Canal (Alderney, Guernsey, Jersey e Sark); XV — Ilhas Cayman; XVI — Chipre; XVII — ~~Cingapura~~ (Revogado(a) pelo(a) Instrução Normativa RFB nº 1773, de 21 de dezembro de 2017); XVIII — Ilhas Cook; XIX — ~~República da Costa Rica~~ (Revogado(a) pelo(a) Instrução Normativa RFB nº 1773, de 21 de dezembro de 2017); XX — Djibouti; XXI — Dominica; XXII — Emirados Árabes Unidos; XXIII — Gibraltar; XXIV — Granada; XXV — Hong Kong; XXVI — Kiribati; XXVII — Lebuan; XXVIII — Líbano; XXIX — Libéria; XXX — Liechtenstein; XXXI — Macau; XXXII — ~~Ilha da Madeira~~ (Revogado(a) pelo(a) Instrução Normativa RFB nº 1773, de 21 de dezembro de 2017); XXXIII — Maldivas; XXXIV — Ilha de Man; XXXV — Ilhas Marshall; XXXVI — Ilhas Maurício; XXXVII — Mônaco; XXXVIII — Ilhas Montserrat; XXXIX — Nauru; XL — Ilha Niue; XLI — Ilha Norfolk; XLII — Panamá; XLIII — Ilha Pitcairn; XLIV — Polinésia Francesa; XLV — Ilha Queshm; XLVI — Samoa Americana; XLVII — Samoa Ocidental; XLVIII — ~~San Marino~~ (Revogado(a) pelo(a) Instrução Normativa RFB nº 1896, de 27 de junho de 2019); XLIX — Ilhas de Santa Helena; L — Santa Lúcia; LI — Federação de São Cristóvão e Nevis;
LII — Ilha de São Pedro e Miguelão; LIII — São Vicente e Granadinas; LIV — Seychelles; LV — Ilhas Solomon; LVI — ~~St. Kitts e Nevis~~ (Revogado(a) pelo(a) Instrução Normativa RFB nº 1658, de 13 de setembro de 2016); LVII — Suazilândia; LVIII — ~~Suíça~~ (Revogado(a) pelo(a) Instrução Normativa RFB nº 1474, de 18 de junho de 2014); LIX — Sultanato de Omã; LX — Tonga; LXI — Tristão da Cunha; LXII — Ilhas Turks e Caicos; LXIII — Vanuatu; LXIV — Ilhas Virgens Americanas; LXV — Ilhas Virgens Britânicas; LXVI — Curaçao (Incluído(a) pelo(a) Instrução Normativa RFB nº 1658, de 13 de setembro de 2016); LXVII — São Martinho (Incluído(a) pelo(a) Instrução Normativa RFB nº 1658, de 13 de setembro de 2016); LXVIII — Irlanda (Incluído(a) pelo(a) Instrução Normativa RFB nº 1658, de 13 de setembro de 2016). Art. 2º São regimes fiscais privilegiados: [...] XIII — com referência à legislação de Portugal, o regime do Centro Internacional de Negócios da Madeira (CINM); (Incluído(a) pelo(a) Instrução Normativa RFB nº 1773, de 21 de dezembro de 2017). Disponível em: http://normas.receita.fazenda.gov.br/sijut2consulta/link.action?idAto=16002&visao=anotado. Acesso em: 27/09/2020.

> Art. 29. A transferência do domicílio fiscal da pessoa física residente e domiciliada no País para país ou dependência com tributação favorecida ou regime fiscal privilegiado, nos termos estabelecidos nos art. 254 e art. 255, somente terá seus efeitos reconhecidos a partir da data em que o contribuinte comprovar (Lei nº 12.249, de 11 de junho de 2010, art. 27):
> I — ser residente, de fato, naquele país ou dependência; ou
> II — sujeitar-se a imposto sobre a totalidade dos rendimentos do trabalho e do capital e demonstrar o pagamento efetivo desse imposto.
> Parágrafo único. Consideram-se residentes de fato, para fins do disposto no inciso I do caput , as pessoas físicas que tenham efetivamente permanecido no país ou na dependência por mais de cento e oitenta e três dias, consecutivos ou não, no período de até doze meses, ou que comprovem ali se localizarem a residência habitual de sua família e a maior parte de seu patrimônio.

Logo, não se tratando de hipótese em que é admissível o regime de domicílio alargado, resta a análise da Convenção celebrada entre Brasil e Portugal para evitar a dupla tributação e prevenir a evasão fiscal, promulgada pelo Decreto nº 4.012/2001.

É sabido que a caracterização do vínculo de residência depende do direito interno de cada país, então pode ser que analisando os critérios de cada jurisdição a mesma pessoa possa ser enquadrada como residente fiscal em ambos os Estados, configurando uma "dupla residência" *(dual residence)*.

No entanto, como bem destaca Xavier[99], a função das Convenções nesse sentido é definir diante de um cenário de dupla residência caracterizada, qual delas prevalecerá (residência escolhida) em detrimento da outra (residência preterida).

> O primeiro corolário desta regra consiste em que, no sistema convencional, a residência fiscal só pode ser uma (princípio da unicidade da residência), de tal modo que, se em face dos critérios da Convenção, uma pessoa for considerada fiscalmente residente num Estado, passa a ser automaticamente "não residente" no outro, ainda que o estatuto de residente lhe seja atribuído pela lei interna deste último. Deste princípio

[99] Xavier, **Alberto. Direito Tributário Internacional do Brasil.** 7ª ed. Rio de Janeiro: Forense, 2010. Título IV, Cap. II. Os elementos de conexão subjetivos. Pág. 226.

decorre que tal pessoa não será mais obrigada a apresentar sua declaração de imposto no Estado de residência "preterida", ficando sujeita ao sistema de tributação, por retenção na fonte, incidente sobre não residentes.

O segundo corolário consiste em que a determinação da residência prevalente esgota os seus efeitos em matéria tributária, de tal modo que o país de "residência preterida" deve considerar a pessoa em causa residente para a generalidade dos demais efeitos, sempre que a residência seja considerada requisito de gozo de direitos civis ou políticos[100].

Partindo do pressuposto de que a sistemática de interpretação dos tratados para evitar a dupla tributação considera apenas uma única residência fiscalmente relevante, os elementos de conexão devem ser analisados na forma de teste, em ordem serial, conforme previsto no art. 4º da Convenção entre a República Federativa do Brasil e a República Portuguesa Destinada a Evitar a Dupla Tributação e a Prevenir a Evasão Fiscal em Matéria de Impostos sobre o Rendimento, promulgada pelo Decreto nº 4.012, de 13 de novembro de 2001 que dispõe:

Artigo 4º
Domicílio Fiscal ou Residência

1. Para efeitos desta Convenção, a expressão "residente de um Estado Contratante" significa qualquer pessoa que, por virtude da legislação desse Estado, está aí sujeita a imposto devido ao seu domicílio, à sua residência, ao local de direção ou a qualquer outro critério de natureza similar, e aplica-se igualmente a este Estado e bem assim às suas subdivisões políticas ou administrativas ou autarquias locais.

2. Quando, por virtude do disposto no nº 1, uma pessoa singular ou física for residente de ambos os Estados Contratantes, a situação será resolvida do seguinte modo:

a) será considerada como residente apenas no Estado em que tenha uma habitação permanente à sua disposição. Se tiver uma habitação permanente à sua disposição em ambos os Estados, será considerada residente do Estado com o qual sejam mais estreitas as suas relações pessoais e econômicas (centro de interesses vitais);

[100] XAVIER, Alberto. **Direito Tributário Internacional do Brasil.** 7ª ed. Rio de Janeiro: Forense, 2010. Título IV, Cap. II. Os elementos de conexão subjetivos. Pág. 227.

b) se o Estado em que tem o centro de interesses vitais não puder ser determinado ou se não tiver uma habitação permanente à sua disposição em nenhum dos Estados, será considerada residente apenas do Estado em que permanece habitualmente;

c) se permanecer habitualmente em ambos os Estados ou se não permanecer habitualmente em nenhum deles, será considerada como residente apenas do Estado de que for nacional;

d) se for nacional de ambos os Estados ou não for nacional de nenhum deles, as autoridades competentes dos Estados Contratantes resolverão o caso de comum acordo.

3. Quando, em virtude do disposto no nº 1, uma pessoa, que não seja uma pessoa singular ou física, for residente de ambos os Estados Contratantes, será considerada residente apenas do Estado em que estiver situado o seu local de direção efetiva.

Xavier[101] ressalta que o caráter exaustivo destes critérios de conexão subsidiária e sua vocação para decidir as situações mais complexas levou alguns autores a denominá-los sistema "quebra-laços" (*tie breaker*).

Assim, considerando habitação e permanência habitual, bem como o centro de interesses vitais todos localizados em território português, o vínculo de residência fiscal com o Brasil é preterido em relação a Portugal, de modo que a ausência de Declaração de Saída Definitiva ou a apresentação de DIRPF não são capazes por si só de alterar esse vínculo. Admitir conceito diverso da residência única, por meio da aplicação do teste de conexões subsidiárias quando diante da existência de Convenção para Evitar a Dupla Tributação demonstra total inobservância em relação aos princípios básicos que regem o direito tributário internacional.

Superadas essas questões, ainda esbarramos nos casos em que os contribuintes estão ausentes do território por período superior a 5 anos e não apresentaram Comunicação e Declaração de Saída Definitiva, pois embora o primeiro Regulamento do Imposto de Renda a tratar da saída definitiva do país tenha sido aprovado pelo Decreto nº 47.373/1959, somente no ano 1999, a Secretaria da Receita Federal disponibilizou o programa "Saída Definitiva do País" para uso em computador, e, apenas

[101] Xavier, Alberto. **Direito Tributário Internacional do Brasil**. 7ª ed. Rio de Janeiro: Forense, 2010. Título IV, Cap. II. Os elementos de conexão subjetivos. Pág. 228.

a partir de 2011, o programa "Saída Definitiva do País" passou a fazer parte dos Programas IRPF e "Final de Espólio".

Como no passado não havia formulário exclusivo para declaração de saída definitiva do país, utilizava-se o modelo do exercício inserindo as adaptações necessárias e contabilizando o período de primeiro de janeiro até a data do pedido de certidão para visto no passaporte.[102].

> (Lei nº 3.470, de 28 de novembro de 1958)
>
> Art. 17. Os residentes ou domiciliados no Brasil que se retirarem em caráter definitivo do território nacional no correr de um exercício financeiro, além do imposto calculado na declaração correspondente aos rendimentos do ano civil imediatamente anterior, ficam sujeitos à apresentação imediata da nova declaração dos rendimentos do período de 1 de janeiro até a data em que for requerida às repartições do imposto de renda a certidão para visto no passaporte, ficando, ainda, obrigados ao pagamento, no ato da entrega dessa declaração, do imposto que nela for apurado.

O que preocupa é que, considerando o entendimento expresso no Acórdão nº 2301-007.136 de que o vínculo de residência permanece até a devida formalização, os contribuintes que até o momento não formalizaram a sua saída, seja por inexistência de mecanismo de formalização à época do ocorrido, por desconhecimento a respeito da obrigação ou por simples inobservância dos prazos com o decurso de mais de 5 anos, estariam expostos a uma conduta predatória do Fisco de autuação mesmo depois de transcorrido muito tempo do encerramento do vínculo de residência fiscal, acarretando na necessidade de ter que ingressar com uma medida na via administrativa ou judicial para obter o reconhecimento da condição de não residente de forma retroativa como forma de prevenir autuações futuras e/ou penalizações.

[102] RECEITA FEDERAL. **1945 A 1963 — A Consolidação do Imposto. Declaração de Saída Definitiva do País.** Disponível em: https://receita.economia.gov.br/sobre/institucional/memoria/imposto-de-renda/historia/1944-a-1963-a-consolidacao-do-imposto. Acesso em: 06/07/2020.

5. O NÃO RESIDENTE E A ORGANIZAÇÃO DO PATRIMÔNIO MANTIDO NO BRASIL

A condição de não residente requer que o patrimônio seja organizado de modo a se adequar a esse novo status. Por esse motivo, um bom planejamento é essencial.

Existem muitas dúvidas a respeito desse tema na totalidade dos aspectos que o envolvem, e é muito comum que seja questionado qual o prazo para conclusão dessa adequação ao patrimônio. Todavia, a norma não dispõe de forma expressa a respeito, mas é possível concluir, como consequência do próprio processo de formalização, que os ajustes precisam ser realizados no período entre a comunicação de saída e a efetiva declaração de saída definitiva.

Lembrando que existe um intervalo de tempo entre o encerramento do prazo para Comunicação (fevereiro) e para Declaração (abril), e que ambos ocorrem apenas no ano seguinte, possibilitando um período razoável para deixar tudo em conformidade no aspecto fiscal e regulatório. Além disso, no momento da Comunicação é possível iniciar essa adequação de ao menos parte dos ativos, incluindo os dados das fontes pagadoras para informá-las a respeito da emigração e implementar a retenção do imposto de renda na fonte que é a sistemática aplicada ao não residente.

Em suma, após efetuar a entrega da declaração, todos os registros e formalizações necessárias já devem ter sido efetuados para identificar a titularidade de um não residente fiscal.

Como cada espécie de ativo requer uma providência específica e estruturas que funcionam enquanto residente fiscal no Brasil como estratégia de planejamento tributário e sucessório como, por exemplo, a utilização de companhias offshore em países como Ilhas Virgens Britânicas, Bahamas, Panamá, não funcionam para um residente fiscal português pela ausência de diferimento e tributação mais onerosa por serem países de tributação favorecida e é preciso olhar com bastante critério ambos os cenários.

Por esse e outros motivos, é necessário planejamento prévio e análise detalhada do patrimônio e situação familiar. Lembrando que caso existam bens no Brasil, há obrigatoriedade de permanecer com o CPF ativo perante a Receita Federal[103] e é necessário que seja nomeado um procurador com poderes para representar o não residente e assim conseguir resolver todas as pendências administrativas e tributárias decorrentes dos ativos no Brasil, tais como, efetuar pagamento de despesas, recolher impostos, etc.

A necessidade de nomeação de procurador principalmente no que se refere às obrigações fiscais está expressamente prevista no Regulamento do Imposto de Renda 2018, em seu art. 30, que assim determina:

> Art. 30. A pessoa física que se retirar do território nacional temporariamente deverá nomear pessoa habilitada no País a cumprir, em seu nome, as obrigações previstas neste Regulamento e representá-la perante as autoridades fiscais (Decreto-Lei nº 5.844, de 1943, art. 195, parágrafo único).

Caso a emigração já tenha ocorrido, é possível providenciar a procuração comparecendo a uma Repartição Consular Brasileira no exterior, conforme orientação abaixo do Ministério das Relações Exteriores:

[103] RECEITA FEDERAL. **Perguntas e Respostas — Imposto sobre a Renda da Pessoa Física 2020**. 053 — A pessoa física não residente no Brasil está obrigada à inscrição no Cadastro de Pessoas Físicas (CPF)? Está obrigada a inscrever-se no CPF a pessoa física não residente que possua no Brasil bens e direitos sujeitos a registro público, inclusive imóveis, veículos, embarcações, aeronaves, participações societárias, contas-correntes bancárias, aplicações no mercado financeiro e aplicações no mercado de capitais. Disponível em: https://receita.economia.gov.br/interface/cidadao/irpf/2020/perguntao/pr-irpf-2020-v-1-2-2020-04-13_publicacao.pdf Acesso em: 08/07/2020.

> A Procuração lavrada em Repartição Consular brasileira é o mandato pelo qual alguém ("outorgado") recebe de outrem ("outorgante") poderes para, em seu nome, praticar atos ou administrar interesses no território brasileiro. Todo ato lícito pode ser objeto de mandato, com exceção do testamento, do depoimento pessoal e da adoção.
> As procurações por instrumento público são aquelas lavradas no Livro de Procurações de Repartição Consular brasileira ou Cartório, no Brasil. As procurações por instrumento particular, efetuadas pelo interessado, deverão ter a assinatura do outorgante reconhecida, a fim de que produzam efeitos perante terceiros. Nos termos da legislação brasileira, existem procurações que só têm validade e produzirão efeitos jurídicos se forem públicas, como para o casamento (art. 1542 do Código Civil), hipoteca ou compra e venda de imóvel, de veículos automotores e, em sua maioria, procurações referentes à transferência de bens e direitos. Recomenda-se que o interessado verifique em cada caso a exigência ou não da procuração pública junto ao órgão/instituição perante o qual a procuração será utilizada.[104]

O Consulado-Geral do Brasil em Lisboa disponibiliza em seu sítio[105] diversos modelos que podem ser utilizados pelos interessados para situações específicas, tais como: compra e venda de imóveis, abertura de firma, administração de imóvel rural, abertura e encerramento de contas bancárias etc.

Para elaboração de uma procuração mais ampla por escritura pública, que possibilite maior independência para o representante no Brasil, os modelos comumente utilizados atribuem poderes para:

a. Comprar, vender, compromissar à venda, alienar, arrendar, permutar, hipotecar, doar e receber doações puras, com ou sem cláusulas restritivas, instituir ou renunciar usufruto, compromissar, ceder e transferir, prometer ceder e transferir, administrar

[104] BRASIL. Ministério das Relações Exteriores. Portal Consular. **Procurações.** Disponível em: http://www.portalconsular.itamaraty.gov.br/outros-servicos/tema-3/procuracoes. Acesso em: 27/09/2020.

[105] BRASIL. Ministério das Relações Exteriores. Consulado-Geral do Brasil em Lisboa. **Modelos De Procuração.** Disponível em: http://cglisboa.itamaraty.gov.br/pt-br/:::_modelos.xml. Acesso em: 27/09/2020.

quaisquer bens móveis, imóveis de propriedade do(a) Outorgante semoventes, veículos, direitos, ações, apólices, créditos e outros títulos; gerir e administrar ditos bens, estipular preços, alugueis, juros, multas, formas de pagamento e todas as cláusulas e condições que ajustar; fazer e receber doações de bens móveis, imóveis, dinheiro, aplicações financeiras e quaisquer ativos financeiros; transmitir e receber posse, domínio, direitos e ações, descrever bens imóveis, dando origens, medidas, metragens e confrontações; rescindir, alterar, prorrogar, retificar, ratificar, rerratificar, estipular e concordar com termos, cláusulas, cálculos, condições, prazos, juros, multas e formas de pagamento; fazer declarações de estilo, bem como obrigar ou responder por evicção, outorgar, aceitar, assinar escrituras públicas ou instrumentos particulares, dar assistência, anuência e assinatura; dividir, lotear, dar em pagamento, transferir, gravar bens imóveis, bem como alugar ou arrendar todos e quaisquer bens móveis ou imóveis, pagar e receber preços, sinais, princípios de pagamentos ou totais, dar, receber, aceitar e assinar recibos e quitações; receber hipoteca e dar quitações; retificar e ratificar escrituras públicas ou instrumentos particulares; ceder e transferir ou prometer ceder e transferir direitos e obrigações; efetuar dação em pagamento, dar quitação, receber e pagar preços, sinais, alugueis, rendas, juros, dividendos, quantias ou valores, dando e recebendo quitações; prestar declarações previstas na Lei Federal 7.433/85, bem como na Legislação Federal pertinente ao INSS e a Receita Federal, apresentação documentos necessários e requisitar os que solicitar;

b. representar na qualidade de locador(a) ou locatário(a) de imóvel comercial, ou residencial, administrar bens em geral, assinar contratos em geral, assinar prorrogações ou rescisões, estipular preços, alugueis, juros, multas, formas de pagamento e todas as cláusulas e demais condições que julgar conveniente, pagar e receber preços, sinais, rendas, juros, quantias ou valores, aceitar e recusar fiadores, rescindir contratos ou transferi-los, promover despejos e fazer acordos, receber alugueis e indenizações, passar recibos e dar quitação;

c. representar perante Instituições Financeiras em geral, tais como: [*citar instituições em que já mantém relacionamento*], ou qualquer outro banco, podendo para tanto, abrir, movimentar e encerrar contas novas ou já existentes, retirar talões de cheque, retirar extratos e saldo de conta corrente e/ou conta poupança, sacar dinheiro, fazer depósitos e retiradas, retirar cartões magnéticos e suas respectivas senhas, bloquear cartões, realizar qualquer tipo de operação bancária, entre elas, transferir, substituir garantias, obter recursos através de custeio, investimentos, empréstimos, entre outros, assinar cédulas rurais, notas promissórias e cheques; emitir, assinar, sacar, endossar, avalizar, aceitar, caucionar duplicatas e cheques; fazer operações por telefone, internet e outros meios eletrônicos; fazer aplicações financeiras de qualquer natureza e efetuar resgates; fazer e receber remessas de dinheiro para o exterior; celebrar e assinar contratos de câmbio [*importante mencionar de forma expressa a autorização para realizar operações de câmbio e cumprir obrigações decorrentes desse tipo de transação, como, por exemplo, a assinatura do contrato de remessa ou ingresso*], fazer recadastramento; autorizar, bloquear ou cancelar débitos, inclusive automáticos; representar junto às operadoras de cartões de crédito, podendo autorizar débitos, negociar e quitar dívidas; receber toda e qualquer quantia devida a(o) outorgante, verbas trabalhistas, pensões, benefícios, seguros e pecúlios; abrir cofres em nome do(a) outorgante, depositar e retirar quantias, pedir saldos, extratos e talonários de cheque; emitir, aceitar, endossar, descontar e assinar cheques, ordens de pagamento, títulos, notas promissórias, letras de câmbio, ações, inclusive junto à BOVESPA, e mais afins, assinar formulários e guias, dar e receber quitação;

d. Confessar dívidas, contrair empréstimos e financiamentos, assumir obrigações, compromissos e responsabilidades, prestar fiança, receber ofícios requisitórios e mais que houver;
e. Representar junto à Receita Federal do Brasil, ou perante qualquer outro órgão arrecadador ou fiscalizador do Imposto de Renda, para fazer e assinar sua declaração, declarar bens, dívidas e créditos, assim como pagamentos feitos e recebidos, juntar, apresentar e retirar documentos, prestar declarações, requerer, recorrer e fazer declarações complementares ou retificadoras, e receber restituição do Imposto de Renda, podendo fazer e assinar declarações do Imposto de Renda, bem como declarações de

Impostos Estaduais e Municipais, preencher e assinar formulários, pagar ou receber conforme o resultado apresentado, apresentar provas e todos os documentos exigidos;

f. Representar para assinatura de formulários e guias, dar e receber quitações; protestar ou sustar protestos, solicitar demonstrativos de rendimentos a empregadores e instituições bancárias, autorizar serviços de contador, acessar sistema informatizado dos órgãos fazendários, inclusive com poderes para solicitar e utilizar senhas;

g. Representar perante quaisquer autoridades, Repartições Públicas Federais, Estaduais e Municipais, Autarquias, Fundações, Entidade Paraestatais, Sociedades de Economia Mista, inclusive, Delegacias, Secretarias, Cartórios em geral, Oficiais de Registro de Imóveis, Registro de Títulos e Documentos, Seguradora, Correios, Prefeituras, Secretarias da Receita Federal e da Fazenda, Companhias de qualquer natureza, Juntas Comerciais, Alfândegas, Sindicatos, Associações de Classe, T.R.E., Ministérios, INSS, INCRA, DETRAN, Varas Judiciais, Fóruns, Juntas Conciliadoras, Estradas de Ferro e Rodagem, Portos, Empresas de Navegação, Aéreas e Marítimas, Concessionárias dos serviços de telefonia fixa e móvel, Concessionárias dos serviços de fornecimento de água potável, gás e energia elétrica, dentre outros; perante Polícia Rodoviária, Polícia Federal, Polícia Civil, Polícia Militar, Justiça Eleitoral, prestadoras de serviços público em geral, podendo assinar livros, papéis, guias, requerimentos, contratos, formulários, ofícios e petições, juntar, apresentar, retirar, desentranhar papéis e documentos, requerer e receber benefícios, vincendos ou vencidos, assinar contratos de seguros, termo definitivo de transferência ou recibo de compra e venda, contratar seguros e previdência privada, resgatar e liquidar sinistros, prestar declarações, efetuar pagamentos de qualquer natureza, requerer e autorizar transferências, registros, cancelamentos, averbações e matrículas, fazer desdobro de imóveis, requerer plantas, croquis, alvarás de desdobro, auto de conclusão, memorais descritivos;

h. representar perante órgãos responsáveis por PIS, PASEP, FGTS, INSS, Sindicatos de Classe, Ministério do Trabalho, Justiça do Trabalho; perante Setor e/ou órgão fiscal Municipal, Estadual ou

Federal, requerer ou receber, quaisquer benefícios, aposentadorias, ajudas ou auxílios que lhe forem concedidos no Exterior, passando os competentes recibos e dando quitação;

i. Assinar e requerer, tudo o que for de interesse do(a) outorgante, juntar e retirar papéis e documentos, prestar declarações e esclarecimentos, produzir provas, pagar impostos, taxas e emolumentos, reclamar de impostos indevidamente pagos, receber e dar quitação, assinar guias, declarar rendas e receber restituições, inclusive relativamente a eventual empréstimo compulsório;
j. Representar na constituição, alteração, transformação e dissolução de quaisquer firmas ou sociedades, assinando e requerendo para tanto, tudo o que for necessário, além de poder adquirir, subscrever e ceder quotas de capital social e ações, pagar e aceitar quitações, com poderes de representação nas reuniões e assembleias, inclusive para discutir, aprovar, concordar, impugnar, votar e ser votado(a), assinar livros e atas, e inclusive participar de concorrências, tudo requerendo, alegando, promovendo, autorizando, assinando e esclarecendo; juntar e retirar papéis e documentos, prestar declarações, produzir provas, pagar impostos, taxas e emolumentos, reclamar de impostos indevidamente pagos, receber e dar quitação, assinar guias e demais papeis precisos; fazer rescisão contratual, assinar homologação referente a rescisão contratual; providenciar Registro Declatório de Investimento Estrangeiro Direto (RDE-IED) perante o Banco Central do Brasil, bem como eventuais atualizações ou correções necessárias e cancelamento;
k. Poderes para constituir ou desconstituir advogado para representação no foro em geral, perante qualquer Juízo, Instância ou Tribunal, usando poderes da cláusula "*ad-judicia*" "*et extra*", podendo propor contra quem de direito as ações competentes e defender o(a) outorgante nas ações contrárias, seguindo umas e outras até final decisão, usando dos recursos legais e acompanhando-as, com poderes especiais para confessar, desistir, transigir, firmar acordos e compromissos, concordar ou discordar com cálculos, receber notificações e citações, mesmo iniciais, receber valores e dar quitação, prestar queixas crime, representação em audiências, inclusive para assinar em nome do(a) outorgante quando necessária a

participação, autorização ou anuência deste nos atos praticados em inventários judiciais ou extrajudiciais que envolvam as partes e/ou respectivos familiares, aceitar nomeação de inventariante, concordar ou discordar com cálculos e partilhas, assinar acordo de partilha, toma-lo por termo e/ou acordar a partilha, por instrumento público ou particular, representando-o em inventários, requerendo os mesmos, e acompanhando-os até final partilha, podendo requerer alvarás, propor ações de despejo, requerer falências, formular esboço de partilha, habilitar créditos em concordatas e falência, ações reintegratórias ou reinvidincatórias.

l. Poderes para vender ou transferir veículo automotor, podendo para tanto assinar recibo de venda, receber quantias, dar quitação, requerer, concordar, discordar, cumprir exigências, produzir provas, juntar e retirar documentos, representar perante as Repartições Públicas Federais, Estaduais, Municipais, Autarquias, DETRAN, CIRETRAN, CONTRAN, DNER em todo o território nacional, pedir liberação de veículo, pagar taxas, pedir segunda via de documento de transferência, licenciar, transferir de órgão Estadual, quitar multas, quitar IPVA, recadastrar contribuinte, assinar termo de reconhecimento de firma autêntica perante Tabelião de Notas;
m. representar perante Consulados e/ou Embaixadas, ou órgão responsável por emissão de vistos, licenças ou passaportes, no Brasil, ou em qualquer outro país, podendo assinar quaisquer documentos, requerimentos, formulários, solicitar a emissão, retificação e renovação de documentos e quaisquer outros atos necessários perante autoridades diplomáticas e consulares competentes, inclusive o Ministério da Justiça e Departamento de Polícia Federal;
n. Comparecer perante as instituições médicas, hospitalares, privadas ou públicas, podendo perante esses requerer, apresentar, solicitar, assinar, retirar medicamentos e responsabilizar-se por eventuais declarações que se fizerem necessárias; perante instituições e empresas nacionais e internacionais de seguro de vida e seguro saúde ou convênio médico, para o fim de solicitar e assinar documentos, realizar pagamentos, retirar e assinar apólices e todos os atos necessários a celebrar e a executar contratos de seguro;

o. Representar perante associações recreativas, inclusive perante Clubes Desportivos, bem como instituições educacionais em geral, com o fim de assinar documentos, requerimentos, realizar pagamentos, renovar e/ou trancar matrícula, celebrar acordos, praticando todos os atos necessários perante essas entidades;
p. Representar em Reuniões e Assembleias de Condomínio, podendo discutir, aprovar, concordar, impugnar, votar e ser votado(a), assinar livros e atas.
q. Representar em Sindicatos de Classe, podendo requerer, solicitar, assinar, quaisquer documentos e o que necessário for.

Nomeado o procurador, que é figura essencial no planejamento pré-emigratório, serão analisadas as demais providências necessárias para adequação do patrimônio à condição de não residente fiscal.

Relembrando que é necessário manter o CPF ativo no Brasil, conforme orienta a Receita Federal.

> NÃO RESIDENTE 053 — A pessoa física não residente no Brasil está obrigada à inscrição no Cadastro de Pessoas Físicas (CPF)?
> Está obrigada a inscrever-se no CPF a pessoa física não residente que possua no Brasil bens e direitos sujeitos a registro público, inclusive imóveis, veículos, embarcações, aeronaves, participações societárias, contas-correntes bancárias, aplicações no mercado financeiro e aplicações no mercado de capitais. (Regulamento do Imposto sobre a Renda — RIR/2018, art. 32, aprovado pelo Decreto nº 9.580, de 22 de novembro de 2018; Instrução Normativa SRF nº 208, de 27 de setembro de 2002, art. 5º; e Instrução Normativa RFB nº 1.548, de 13 de fevereiro de 2015, art. 3º, inciso II, alínea “d”)[106].

5.1 Ativos financeiros

Uma informação bastante relevante para quem pretende deixar o país é que a(s) conta(s) corrente(s) ou de investimento mantidas em bancos e corretoras precisarão ser encerradas. A utilização delas é permitida apenas enquanto residente fiscal no Brasil.

[106] RECEITA FEDERAL. **Perguntas e Respostas. Imposto sobre a Renda da Pessoa Física — 2020**. Disponível em: http://receita.economia.gov.br/interface/cidadao/irpf/2020/perguntao/pr-irpf-2020-v-1-2-2020-04-13_publicacao.pdf. Acesso em: 20/09/2020

E, quando se trata de ativos financeiros, existem dois tipos de estruturas aplicadas ao não residente, com regras específicas e custos diferenciados. A decisão sobre qual delas será utilizada, depende da análise de variáveis como volume de movimentação, finalidade da conta além de outras necessidades.

5.1.1 *Conta de Domiciliado no Exterior — CDE*

Popularmente identificada no mercado financeiro como Conta CDE, essa é a opção mais básica e menos custosa para o não residente, porém repleta de limitações.

A Circular Nº 3.691/13 elaborada pelo Banco Central regulamenta essa espécie de conta, e dispõe da seguinte forma:

> Art. 168. As pessoas físicas ou jurídicas, residentes, domiciliadas ou com sede no exterior, podem ser titulares de contas de depósito em moeda nacional no País, exclusivamente em agências que operem em câmbio de instituições bancárias autorizadas a operar no mercado de câmbio, observadas as disposições deste Título. § 1º As contas de residentes, domiciliados ou com sede no exterior devem conter características que as diferenciem das demais contas de depósito, de modo a permitir sua pronta identificação.[107]

Para entender melhor as restrições que incidem nesse tipo de conta, primeiro é preciso compreender que uma conta de depósito nada mais é do que uma conta corrente.

O próprio Banco Central orienta que a conta corrente é aquela utilizada para movimentação bancária do dia a dia, como, por exemplo, pagamento de despesas, mas não é destinada para investimentos, pois esses precisam estar vinculados em conta específica para esse fim, em que é possível realizar aplicações no mercado financeiro e de capitais.

> Os principais tipos de conta são a conta-corrente, a conta de poupança e a conta-salário. A conta-corrente é o tipo mais comum. Nela, o dinheiro

[107] BANCO CENTRAL DO BRASIL. **Circular Nº 3.691/13**. Disponível em: https://www.bcb.gov.br/pre/normativos/circ/2013/pdf/circ_3691_v1_O.pdf. Disponível em: https://www.bcb.gov.br/Rex/RMCCI/Ftp/RMCCI.pdf. Acesso em: 09/07/2020.

fica à sua disposição para ser sacado a qualquer momento. Essa conta não gera rendimentos para o depositante. [108]

Essa diferenciação fica clara até na sistemática de cadastro junto ao Banco Central, em que as Instituições Financeiras precisam reportar os CPFs ou CNPJs vinculados a cada tipo de conta, dentre elas é listada a CDE, além da conta de depósito (conta corrente) e também da conta de investimentos para residentes fiscais no Brasil.

> 2.1. São de interesse do Cadastro apenas os produtos bancários e financeiros que possam abrigar bens, direitos e valores detidos pelos clientes e correntistas junto às IF que compõem o Sistema Financeiro Nacional.
> 2.2. Os produtos a serem considerados são aqueles relacionados a algum cliente ou correntista, residente ou não residente no País, identificado por CPF ou por CNPJ.
> 2.3. Estão fora do escopo do Cadastro os bens, direitos e valores detidos junto às IF pelo Poder Judiciário.
> 2.4. A informação ao Cadastro, quando da resposta à solicitação de detalhamento de determinado CPF/CNPJ, agrupará os produtos que representam bens, direitos e valores em cinco grupos, quais sejam:
> 2.4.1. conta de depósito
> 2.4.2. conta de poupança
> 2.4.3. conta de investimento
> 2.4.4. outros bens, direitos e valores
> 2.4.5. *contas de depósito em moeda nacional, no País, tituladas por pessoas físicas ou jurídicas residentes, domiciliadas ou com sede no exterior.*[109] *(grifo nosso)*

Logo, embora não haja vedação expressa, pela própria natureza da conta evidencia-se a impossibilidade de realizar investimentos por meio da CDE. Isso significa que ela poderá ser utilizada para pagamento de

[108] BANCO CENTRAL DO BRASIL. **Cidadania Financeira. Série I- Relacionamento com o Sistema Financeiro Nacional.** Tipos de Contas Bancárias. Disponível em: https://www.bcb.gov.br/pre/pef/port/folder_serie_I_tipos_contas_bancarias.pdf. Acesso em: 09/07/2020.

[109] BANCO CENTRAL DO BRASIL. **CCS — Cadastro de Clientes do SFN Orientação sobre Produtos** — Fase I Versão 1.0.3. Disponível em: https://www.bcb.gov.br/Fis/CCS/CCS_Orienta%E7%E3oProdutos.pdfhttps://www.bcb.gov.br/Fis/CCS/CCS_Orienta%E7%E3oProdutos.pdf Acesso em: 08/09/2020.

despesas, por exemplo, conta de consumo de imóvel que for mantido no Brasil, ou outros gastos eventuais, mas não poderá aplicar em fundos, ações e demais ativos do mercado financeiro.

É possível ter poupança, CDB (Certificado de Depósito Bancário) e Planos de Previdência Complementar (VGBL e PGBL) vinculados a uma conta CDE, porque os dois primeiros são produtos característicos de uma conta de depósito e possibilitam alguma remuneração do saldo mantido em conta e o terceiro porque não se trata de um investimento propriamente dito, pois possui caráter previdenciário ou securitário, no caso do VGBL, além de ser uma aplicação de longo prazo com o intuito de complemento de renda para aposentadoria.

Nesse sentido a Resolução BACEN nº 4373, de 29 de setembro de 2014, corrobora com o entendimento a respeito de quais produtos podem ser acessados por meio dessa modalidade de conta, ao determinar que as aplicações do investidor não residente no mercado financeiro de capitais se submetem ao regramento específico estabelecido nessa Resolução que será mais bem detalhada no próximo tópico, com exceção dos depósitos em poupança ou depósitos a prazo mantidos em CDE.

> Art. 1º *As aplicações de investidor não residente no Brasil nos mercados financeiro e de capitais no País* e as respectivas transferências financeiras do e para o exterior, em moeda nacional ou em moeda estrangeira, *devem obedecer ao disposto nesta Resolução, além das normas cambiais e da legislação específica.*
> [...]
> § 3º *Excluem-se das disposições desta Resolução as aplicações de investidores não residentes titulares de contas de depósito em moeda nacional no País que realizarem aplicações em depósito de poupança ou em depósitos a prazo no próprio banco depositário da conta*[110]. (grifo nosso)

Outra dúvida muito comum é a respeito da tributação dos rendimentos auferidos por meio de CDB mantido na conta de não residente. Nesse caso não há qualquer diferença de alíquota por ser não residente

[110] BANCO CENTRAL DO BRASIL. **Resolução nº 4.373, de 29 de setembro de 2014.** Dispõe sobre aplicações de investidor não residente no Brasil nos mercados financeiro e de capitais no País e dá outras providências. Disponível em: https://www.bcb.gov.br/pre/normativos/busca/downloadNormativo.asp?arquivo=/Lists/Normativos/Attachments/48650/Res_4373_v1_O.pdf. Acesso em: 02/10/2020.

e por ser um produto de renda fixa, será igual a aplicada aos residentes no Brasil com alíquotas regressivas de 22,5% a 15% a depender do tempo de aplicação.

> *(Regulamento do Imposto de Renda de 2018)*
> Art. 873. Os residentes ou os domiciliados no exterior ficam sujeitos às mesmas normas de tributação pelo imposto sobre a renda previstas para os residentes ou os domiciliados no País, em relação aos (Lei nº 8.981, de 1995, art. 78, caput, incisos I a III) : I — rendimentos decorrentes de aplicações financeiras de renda fixa; [...].

O controle regulatório sobre o capital dos não residentes no Brasil é rigoroso, e sobre a Instituição Financeira na qual é mantida a conta recai a obrigação de reportar ao Banco Central tal como expresso na Circular Nº 3.691/13, de forma concomitante à abertura, e os depósitos e saques são tratados como Transferência Internacional em Real (TIR)[111], porque envolve capital considerado estrangeiro.

Além disso, até a edição da Resolução CMN Nº 4.844, de 30 de Julho de 2020, as transações que superassem o valor de R$ 10.000,00 precisavam ser documentadas e informadas em detalhes e era muito comum que algumas Instituições Financeiras limitassem as movimentações a um valor inferior a esse para evitar a necessidade do reporte. Para cumprimento dessa norma havia a necessidade de implementar uma governança mais apurada e isso acabava por encarecer e muitas vezes dificultar que as Instituições Financeiras tivessem interesse comercial no relacionamento com o não residente para a conta CDE.

> Art. 169, §2º. É obrigatório o cadastramento no Sistema de Informações Banco Central (Sisbacen) de contas de depósito em moeda nacional, no País, tituladas por pessoas físicas ou jurídicas, residentes, domiciliadas ou com sede no exterior, na transação PCAM 260, opção 1, pelo banco depositário dos recursos.

[111] Atsumi, Shirley. **Contas de domiciliados no exterior em moeda nacional e transferência internacional em reais.** Associação Brasileira de Câmbio (ABRACAM). Disponível em: https://www.abracam.com/abracam/imprensa/artigo_-_contas_de_domiciliados_no_exterior_em_moeda_nacional_e_transferencia_internacional_em_reais/45/ Acesso em: 08/07/2020.

§3º. O cadastramento a que se refere o item anterior deve ser efetuado concomitantemente à abertura da conta [...]

Art. 173. As transferências internacionais do e para o exterior em moeda nacional, de valor igual ou superior a R$10.000,00 (dez mil reais), sujeitam-se à comprovação documental a ser prestada ao banco no qual é movimentada a conta de domiciliados no exterior.[112]

Contudo, com alteração introduzida pela Resolução CMN nº 4.844/2020, a partir de setembro de 2020 o limite mínimo de R$ 10.000 (dez mil reais) por transação foi majorado para R$ 100.000,00 (cem mil reais), o que é uma sinalização bastante positiva na desburocratização do acesso do não residente ao sistema bancário.

Art. 1º A Resolução nº 3.568, de 29 de maio de 2008, passa a vigorar com as seguintes alterações:
"Art. 26. *A movimentação ocorrida em conta de depósito de pessoas físicas ou jurídicas residentes, domiciliadas ou com sede no exterior, de valor igual ou superior a R$100.000,00 (cem mil reais), deve ser registrada no Sisbacen, na forma estabelecida pelo Banco Central do Brasil.*
Parágrafo único. O Banco Central do Brasil poderá estabelecer situações nas quais será requerida a prestação de informações sobre movimentações de valores abaixo do limite estabelecido no caput." (NR)
Art. 2º Esta Resolução entra em vigor em 1º de setembro de 2020. (grifo nosso).[113]

De acordo com o Banco Central, a mudança vai tornar mais eficiente a obtenção das informações sobre a movimentação dessas contas, além de possibilitar uma maior redução dos custos. O chefe adjunto do Depar-

[112] BANCO CENTRAL DO BRASIL. **Circular nº 3.691/13**. Disponível em: https://www.bcb.gov.br/pre/normativos/circ/2013/pdf/circ_3691_v1_O.pdf. Acesso em: 09/07/2020.

[113] BRASIL. **Resolução CMN nº 4.844, de 30 de Julho de 2020**. Altera a Resolução nº 3.568, de 29 de maio de 2008, que dispõe sobre o mercado de câmbio, em relação à prestação de informação sobre as movimentações em contas de depósito em reais de pessoas físicas ou jurídicas residentes, domiciliadas ou com sede no exterior. Diário Oficial da União. Publicado em: 03/08/2020 | Edição: 147 | Seção: 1 | Página: 54. Órgão: Ministério da Economia/Banco Central do Brasil. Disponível em: https://www.in.gov.br/en/web/dou/-/resolucao-cmn-n-4.844-de-30-de-julho-de-2020-269961515. Acesso em: 27/09/2020.

tamento de Regulação Prudencial e Cambial do Bacen, Augusto Ornellas Filho, explicou que embora as transações entre R$ 10 mil e R$ 100 mil representem o maior volume (82% das operações), correspondem a apenas 3,5% do valor movimentado[114].

A expectativa é de que essa alteração proporcione maiores oportunidades para os não residentes que desejem manter algum tipo de vinculação com o Brasil e que necessitem de serviços bancários com mais simplificação de acesso.

5.1.2 *Conta 4373 e Investimento Externo em Portfólio*

Em se tratando de aplicações financeiras, o não residente somente conseguirá acessar o mercado financeiro nacional com a mesma amplitude que possuía como residente fiscal no Brasil, por meio da conta comumente denominada no mercado como 4373, que é o número da Resolução do Banco Central que a regulamenta:

> Art. 1º As aplicações de investidor não residente no Brasil nos mercados financeiro e de capitais no País e as respectivas transferências financeiras do e para o exterior, em moeda nacional ou em moeda estrangeira, devem obedecer ao disposto nesta Resolução, além das normas cambiais e da legislação específica.
> § 2º As aplicações de que trata o caput devem ser realizadas nos mesmos instrumentos e modalidades operacionais disponíveis ao investidor residente no Brasil.
> § 3º Excluem-se das disposições desta Resolução as aplicações de investidores não residentes titulares de contas de depósito em moeda nacional no País que realizarem aplicações em depósito de poupança ou em depósitos a prazo no próprio banco depositário da conta.[115]

[114] CMN moderniza regra para contas de depósito em reais de residentes no exterior. **Jornal O Estado de São Paulo. E-investidor 30.07.2020**. Disponível em: https://einvestidor.estadao.com.br/ultimas-noticias/cmn-moderniza-regras-para-contas-de-deposito-em-reais-de-residentes-no-exterior.Acesso em: 27/09/2020.

[115] BANCO CENTRAL DO BRASIL. **Resolução nº 4.373, de 29 de setembro de 2014**. Dispõe sobre aplicações de investidor não residente no Brasil nos mercados financeiro e de capitais no País e dá outras providências. Disponível em: https://www.bcb.gov.br/pre/normativos/busca/downloadNormativo.asp?arquivo=/Lists/Normativos/Attachments/48650/Res_4373_v1_O.pdf. Acesso em: 02/10/2020.

No entanto, essa estrutura possui a incidência de um arcabouço regulatório bastante específico, o que acaba encarecendo o acesso para a grande maioria dos que decidem pela emigração.

Para transferir os recursos para uma conta 4373 primeiro o investidor precisará, nos termos do art. 2º do Regulamento Anexo a Resolução 4.373/2014:

I — constituir um ou mais representantes no País, o qual deve necessariamente ser uma Instituição Financeira ou Instituição autorizada a funcionar pelo Banco Central.

II — obter registro na Comissão de Valores Mobiliários; e

III — constituir um ou mais custodiantes autorizados pela Comissão de Valores Mobiliários.

O ônus que recai na função do representante é extremamente oneroso, pois além da obrigatoriedade de prestar todas as informações pertinentes aos Órgãos Reguladores como CVM e Banco Central, o controle sobre remessas e ingressos deve ser individualizado, os registros de cada movimentação devem ser mantidos por 5 anos, e além disso caberá ao representante receber, em nome do investidor, citações, intimações e notificações relativas a procedimentos judiciais ou administrativos instaurados com base na legislação dos mercados financeiro e de capitais, relacionados a operações objeto do contrato de representação.

Como o investimento do não residente é considerado Investimento Externo em Portfolio e necessita ser devidamente registrado no Banco Central através do sistema Registro Declaratório Eletrônico — Investimento Externo em Portfólio (RDE- Portfolio)[116], a veracidade e legalidade das informações prestadas recai diretamente sobre o Declarante, que será ou o Custodiante ou o Representante do Investidor.

Providenciados, representante, custodiante, registro na CVM e estando a conta aberta, entrada de recursos ainda Brasil na estrutura da 4373 exige a realização de duas operações de câmbio simultâneas (câmbio simbólico) ou transferência internacional em real (caso oriundo

[116] BANCO CENTRAL DO BRASIL. **NOVO RDE-Portfolio (Registro Declaratório Eletrônico — Investimento Externo em Portfolio).** Manual do Declarante. Novembro, 2019. Disponível em: https://www.bcb.gov.br/content/estabilidadefinanceira/Documents/manuais_RDE/Manual%20RDE-Portfolio.pdf. Acesso em: 09/07/2020.

de conta CDE). A denominação câmbio simbólico ocorre porque não há entrega efetiva de recursos, o que ocorre é apenas a formalização da "saída" do capital do residente, para entrada como capital de não residente já na conta 4373. Essa operação de câmbio estará sujeita a IOF/Câmbio à alíquota de 0,38% sobre o valor da saída e 0% na entrada.

Outro aspecto relevante é que no ano de 2016 a Receita Federal editou um Ato Declaratório Interpretativo nº 1, de 18 de janeiro, que dispõe sobre a incidência de Imposto de Renda sobre as aplicações financeiras da pessoa física que adquire a condição de não residente:

> Art. 1º No caso de pessoa física residente no País que adquire a condição de não residente, para fins de aplicação do regime especial de tributação aplicável ao investidor estrangeiro não residente em país com tributação favorecida nos termos do art. 24 da Lei nº 9.430, de 27 de dezembro de 1996, deverá o responsável tributário:
>
> I — exigir da pessoa física residente no País que adquire a condição de não residente a comprovação de que apresentou a Comunicação de Saída Definitiva do País à Secretaria da Receita Federal do Brasil; e
>
> II — *reter e recolher o imposto sobre a renda incidente sobre os rendimentos auferidos até o dia anterior ao da aquisição da condição de não residente.*
>
> Art. 2º *No caso de aplicações financeiras não sujeitas à retenção do imposto sobre a renda nos termos do inciso II do caput do art. 1º, deverá o contribuinte ou seu representante legal apurar e recolher o imposto na forma prevista na legislação vigente.*
>
> Art. 3º A pessoa física quc adquire a condição de residente no Brasil deve comunicá-la à fonte pagadora. (grifo nosso)

Isso porque, o investidor que possui uma estrutura de 4373 está sujeito a um regime de tributação específico, denominado Regime Especial de Tributação ("RET"), que prevê uma série de benefícios fiscais que serão demonstrados posteriormente. No entanto, como condicionante para obtenção desse benefício, a Receita determinou o recolhimento do imposto correspondente ao ganho acumulado das aplicações, ainda que não realizado. Na prática, é como se houvesse um efeito tributário similar ao de uma alienação, mas sem ocorrer a transferência de titularidade.

As consequências jurídicas dessa manifestação do Fisco foram bastante criticadas à época da publicação e ainda permanecem, como bem destaca Junqueira e Saraiva:

> [...] é preciso estabelecer que o fato gerador do IR equivale à efetiva realização da renda, não havendo norma legal ou construção jurídica possível que suporte a conclusão de que a aquisição da condição de não residente deflagre a tributação dos rendimentos acumulados em aplicações de renda fixa ainda não realizadas.[...] Consideremos que uma determinada pessoa física detenha cotas de um fundo fechado com aplicações em renda fixa. A legislação prevê que a incidência do IRRF só ocorrerá na realização das cotas via amortização ou alienação. O fato de essa mesma pessoa tornar-se investidor não residente não corresponde à percepção de renda tributável, aliás, como os ganhos ainda não foram realizados, sequer haveria recursos para liquidação do suposto IR devido. Uma interpretação mais apressada do ADI levaria à conclusão de que se exige o pagamento do IR do fundo fechado no momento da saída definitiva do país. Essa interpretação, contudo, carece de amparo legal, pois, conforme previsão constitucional, apenas a lei é capaz de estabelecer a incidência do IR, de modo que os atos expedidos pelo Fisco não são capazes de criar fato gerador do imposto. Deslocar a incidência do IR para o momento da mudança para o exterior significa alterar o fato gerador do imposto. [...] Na prática, contudo, é esperado que as entidades responsáveis pela retenção do IR tendam a seguir a interpretação mais conservadora do ADI, exigindo a retenção e o pagamento do IR sobre as aplicações financeiras no momento em que seja feita a saída definitiva do país[117].

Contudo, pela responsabilidade que recai sobre as Instituições Financeiras, o que tem sido observado desde a edição desse Ato Declaratório é a adoção da posição mais conservadora de fato, exigindo-se o devido recolhimento do tributo.

No que se refere a tributação, considerando a imigração para Portugal, que não é um país classificado como de tributação favorecida, em

[117] Junqueira, Lavínia. Saraiva, Telirio. **Tributação e saída definitiva do país**. Valor Econômico. 15/09/2016. Disponível em: https://valor.globo.com/legislacao/noticia/2016/09/15/tributacao-e-saida-definitiva-do-pais.ghtml Acesso: 09/07/2020.

linhas gerais, no Regime Especial de Tributação aplicado a 4373, conforme disposto na Instrução Normativa da Receita Federal nº 1.585/2015 e do Regulamento do Imposto de Renda 2018, da seguinte forma:

Ações	IR (não Paraíso)
Dividendos	Não incidência
Juros sobre capital próprio (JCP)	15%
Ganho de Capital	Não incidência
Títulos Públicos	IR (não Paraíso)
Rendimentos	0%
Ganho de Capital	0%
LCI, LCA, CRI, CRA	IR (não Paraíso)
Rendimentos	0%
Fundos de Investimento (Renda Fixa)	IR (não Paraíso)
Amortização/Resgate	15%
Fundos de Investimento (Renda Variável)	IR (não Paraíso)
Amortização/Resgate	10%

A ilustração abaixo consegue demonstrar o fluxo e a complexidade da estrutura, o que acaba por encarecer e muito os custos de manutenção, que chega a alcançar um valor mínimo anual de R$ 48 mil reais[118]. Considerando dados de uma taxa Selic de 2,00% ao ano, é necessário um portfólio superior a R$ 4,5 milhões[119] de reais para justificar o custo e obter algum rendimento bruto próximo da Selic.

[118] ALVES, Jéssica. **É caro e difícil sair do País e manter investimento por aqui**. Estado de São Paulo. 13/11/2017. Disponível em: https://economia.estadao.com.br/noticias/seu-dinheiro,e-caro-e-dificil-sair-do-pais-e-manter-investimento-por-aqui,70002082111. Acesso em: 09/10/2020.

[119] 4,5 milhões x 2,00% = 90.000, descontados os custos de manutenção (48.000) = rendimento bruto aproximado de R$ 42.000,00.

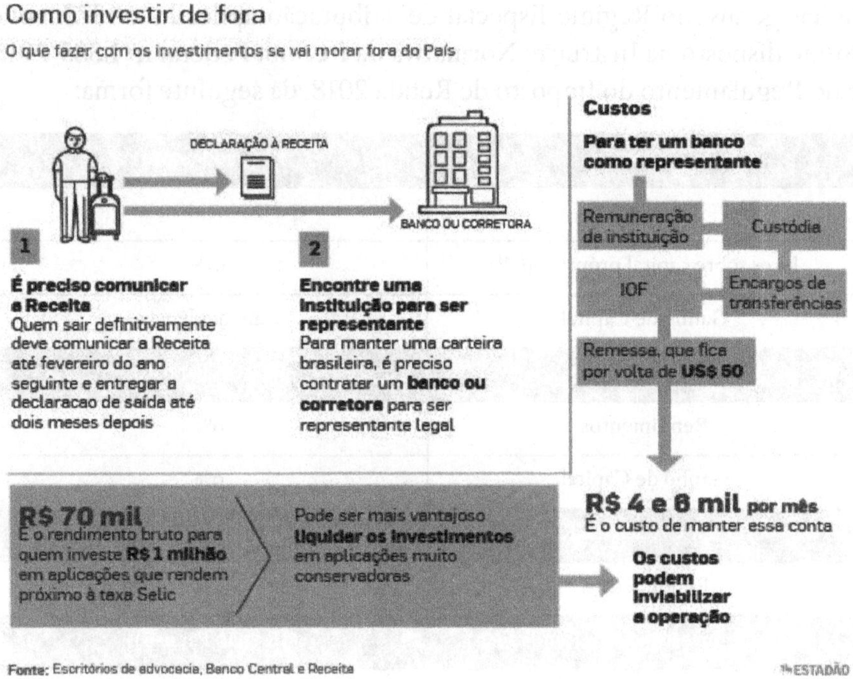

Fonte: Jornal Estado de São Paulo

Devido aos custos envolvidos é muito comum que a utilização de contas 4373 seja mais comum entre investidores institucionais[120] e pessoas físicas com elevado patrimônio.

5.1.2.1 Resolução CMN nº 4.852/2020

Recentemente foi publicada a Resolução do Conselho Monetário Nacional nº 4.852, de 27 de agosto de 2020 que provocou algumas alterações significativas na Resolução nº 4373/2014 como o intuito de simplificar o acesso dos não residentes ao mercado financeiro nacional.

Na exposição de motivos para elaboração da norma foi reconhecido que o regime imposto pela 4273 peca ao não diferenciar investidores por tipo ou volume, tal como ocorre com o *suitability* conforme será analisado a seguir e dispõe:

[120] Fundos de Pensão, Fundos de Investimento, Family Offices, Seguradoras etc.

Em linha com iniciativas que têm buscado aperfeiçoar o marco regulatório para o mercado de capitais no Brasil e, mais especificamente, simplificar e estimular as aplicações de pessoas físicas não residentes nos mercados financeiros e de capitais brasileiros, foram realizadas, conjuntamente, avaliações pelas áreas técnicas do Banco Central do Brasil (BCB), e da Comissão de Valores Mobiliários (CVM), a fim de atender tal objetivo de forma segura e eficiente.

Assim, com base nessas avaliações e levando ainda em consideração contribuições recebidas do mercado no âmbito da Iniciativa de Mercado de Capitais (IMK), foi desenvolvida proposta de alteração do Regulamento Anexo I à Resolução nº 4.373, de 2014, que dispensa os investidores não residentes pessoas físicas da obrigatoriedade de constituição de custodiante. A proposta também dispõe que tais investidores passem a seguir as mesmas disposições e procedimentos observados na prestação de serviços de custódia para investidores residentes, podendo esses serviços serem realizados pelo intermediário representante contratado no País. Tais dispositivos permitiriam reduzir os custos relacionados à nomeação de custodiante, tornando-os acessíveis para pessoas físicas não residentes que queiram investir em portfólio por meio de operações de varejo. Também se propõe deixar explícita a faculdade da CVM de dispensar o registro dos investidores não residentes pessoas físicas naquela Autarquia, tema que já foi objeto de discussão com a CVM. Vale dizer que a efetiva dispensa do cadastro na CVM ainda dependerá de regulamentação específica, a ser editada após o desenvolvimento de nova sistemática consolidada de captação de informações cadastrais. Por fim, o registro declaratório eletrônico dos investimentos no BCB (RDEPortfólio) e o registro das movimentações cambiais permaneceriam inalterados. Também continuaria disponível para a CVM a informação sobre o número de inscrição no Cadastro de Pessoas Físicas (CPF) do investidor não residente[121].

[121] BRASIL. CONSELHO MONETÁRIO NACIONAL. **Exposição de motivos — Resolução CMN nº 4.852, de 27 de agosto de 2020. Voto 233/2020–BCB, de 19 de agosto de 2020**. Disponível em: https://www.bcb.gov.br/pre/normativos/busca/downloadVoto.asp?arquivo=/Votos/CMN/202091/Voto_0912020_CMN.pdf. Acesso em 04/10/2020.

Assim, as alterações introduzidas são:

> Art. 1º O Regulamento Anexo I à Resolução nº 4.373, de 29 de setembro de 2014, passa a vigorar com as seguintes alterações:
> "Art. 2º [...]
> § 3º A Comissão de Valores Mobiliários disciplinará o registro a que se refere o inciso II, podendo inclusive dispensar o investidor não residente pessoa física dessa obrigação.
> § 4º Excetua-se da obrigação disposta no inciso III o investidor não residente pessoa física." (NR)
> "Art. 4º-A Os ativos financeiros e os valores mobiliários negociados, bem como as demais modalidades de operações financeiras realizadas por investidor não residente pessoa física, decorrentes das aplicações de que trata este Regulamento, devem observar as mesmas disposições e procedimentos aplicáveis à prestação de serviços de custódia para investidor residente pessoa física." (NR)

A vigência na norma iniciou em 01 de outubro de 2020 e ainda não é possível mensurar o impacto na prática no que se refere a desburocratização e redução de custos da estrutura sem a obrigatoriedade do custodiante para pessoas físicas, pois existem lacunas a respeito de como as demais obrigações impostas pela norma seriam cumpridas sem o mecanismo de custódia, mas o cenário aparenta ser promissor.

5.1.3 *Perfil de Investidor* — Suitability

Um aspecto relevante a respeito do acesso do investidor não residente no mercado financeiro diz respeito ao perfil do investidor ou *suitability*.

No momento da abertura de uma conta para investimentos é mandatório o preenchimento de um formulário com perguntas relacionadas ao valor do patrimônio, renda estimada mensal, nível de conhecimento e experiência em produtos do mercado financeiro, tolerância ao risco, objetivos de investimento (curto ou longo prazo), etc.

Essas perguntas não são uma burocratização do sistema financeiro ou uma forma de invadir a privacidade do investidor obtendo mais dados, pelo contrário, elas funcionam com um importante mecanismo de proteção daquele que é mais vulnerável.

Isso porque o contraste entre o nível de conhecimento e experiência dos profissionais, principais operadores do mercado financeiro e a maioria dos investidores em geral, escancara uma disparidade arriscada. E, isso não diz respeito apenas a disponibilidade de acesso à informação, não se trata pura e simplesmente da publicidade em si, mas do efetivo entendimento a respeito dos produtos e riscos atrelados.

Como forma de reduzir essa vulnerabilidade, principalmente após a crise financeira de 2008 que evidenciou grandes falhas no mercado financeiro global, foi reconhecida a necessidade de proteção do investidor para que a tomada de decisão a respeito de quais produtos e serviços adquirir, seja consciente das características e riscos atrelados a cada operação.

> Nessa linha, começou a ganhar cada vez mais força e expressão no Brasil e ao redor do mundo a ideia de que os intermediários devem agir não apenas no sentido da tradicional mitigação da assimetria informacional, mas para funcionarem como verdadeiros filtros das informações para os investidores, verificando a adequação dos produtos, serviços e operações ao perfil do cliente *(suitability)*[122].

Assim, surgiram os processos de *know your client (KYC)* que traduzido significa "conheça seu cliente" e, dentre outras finalidades, servem inclusive para identificar a adequação dos produtos ao perfil do investidor e cuja responsabilidade de verificação recai sobre as instituições intermediárias atuantes no mercado financeiro.

> Genericamente, é possível afirmar que os deveres de conduta das instituições intermediárias, juntamente com os demais deveres de diligência e de conhecimento do cliente (know your client), incluem o dever de verificação da adequação de determinado produto financeiro ao perfil do investidor.
>
> Nos Estados Unidos, o tema foi objeto de detalhamento pela então *National Association of Securities Dealers* (NASD), entidade autorreguladora do mercado de capitais daquele país. Dentre os deveres gerais de

[122] COMISSÃO DE VALORES MOBILIÁRIOS. **Direito do Mercado de Valores Imobiliários.** 1ª ed. Rio de Janeiro, 2017. Disponível em: https://www.investidor.gov.br/publicacao/LivrosCVM.html#DireitodoMercado. Acesso em: 30/09/2020.

conduta dos intermediários, a NASD disciplinou aqueles aplicáveis a seus membros no momento da recomendação de compra ou venda de quaisquer valores mobiliários a investidores.

Na Europa, por seu turno, e diferentemente da fonte autorreguladora estadunidense, a disciplina do dever de verificação da adequação do produto ao perfil do cliente teve como principal fonte a própria Diretiva Europeia de Mercados e Instrumentos Financeiros (Diretiva 2004/39/CE, de 21 de Abril de 2004, também conhecida como "Diretiva MIFID")[123].

No Brasil, A Instrução CVM nº 539, de 13 de novembro de 2013, estabelece a obrigatoriedade de as instituições intermediárias observarem a adequação do produto ou serviço ao perfil de investidor, ao dispor:

> Art. 2º As pessoas referidas no art. 1º devem verificar se: I — o produto, serviço ou operação é adequado aos objetivos de investimento do cliente; II — a situação financeira do cliente é compatível com o produto, serviço ou operação; e III — o cliente possui conhecimento necessário para compreender os riscos relacionados ao produto, serviço ou operação. § 1º Para cumprimento do disposto no inciso I, as pessoas referidas no art. 1º devem analisar, no mínimo: I — o período em que o cliente deseja manter o investimento; II — as preferências declaradas do cliente quanto à assunção de riscos; e III — as finalidades do investimento; § 2º Para cumprimento do disposto no inciso II, as pessoas referidas no art. 1º devem analisar, no mínimo: I — o valor das receitas regulares declaradas pelo cliente; II — o valor e os ativos que compõem o patrimônio do cliente; e III — a necessidade futura de recursos declarada pelo cliente. § 3º Para cumprimento do disposto no inciso III, as pessoas referidas no art. 1º devem analisar, no mínimo: I — os tipos de produtos, serviços e operações com os quais o cliente tem familiaridade; II — a natureza, o volume e a frequência das operações já realizadas pelo cliente no mercado de valores mobiliários, bem como o período em que tais operações foram realizadas; e III — a formação acadêmica e a experiência profissional do cliente. § 4º O disposto no inciso III do § 3º não se aplica ao

[123] COMISSÃO DE VALORES MOBILIÁRIOS. **Direito do Mercado de Valores Imobiliários.** 1ª ed. Rio de Janeiro, 2017. Disponível em: https://www.investidor.gov.br/publicacao/LivrosCVM.html#DireitodoMercado. Acesso em: 30/09/2020.

cliente pessoa jurídica § 5º No cumprimento do dever previsto no caput do art. 2º, as pessoas referidas no art. 1º devem considerar os custos diretos e indiretos associados aos produtos, serviços ou operações, abstendo-se de recomendar aqueles que, isoladamente ou em conjunto, impliquem custos excessivos e inadequados ao perfil do cliente. Art. 3º Com o objetivo de atender às obrigações contidas no art. 2º, as pessoas referidas no art. 1° devem avaliar e classificar o cliente em categorias de perfil de risco previamente estabelecidas.

Contudo, essa obrigatoriedade de verificação da adequação do produto ao perfil não se aplica aos investidores qualificados. O problema é que essa mesma Instrução CVM nº 539/2013, também atribui aos não residentes de forma geral a categoria de investidor profissional e, consequentemente, qualificado, conforme dispositivos abaixo:

> Art. 9º-A São considerados investidores profissionais: I — instituições financeiras e demais instituições autorizadas a funcionar pelo Banco Central do Brasil; II — companhias seguradoras e sociedades de capitalização; III — entidades abertas e fechadas de previdência complementar; IV — pessoas naturais ou jurídicas que possuam investimentos financeiros em valor superior a R$ 10.000.000,00 (dez milhões de reais) e que, adicionalmente, atestem por escrito sua condição de investidor profissional mediante termo próprio, de acordo com o Anexo 9-A; V — fundos de investimento; VI — clubes de investimento, desde que tenham a carteira gerida por administrador de carteira de valores mobiliários autorizado pela CVM; VII — agentes autônomos de investimento, administradores de carteira, analistas e consultores de valores mobiliários autorizados pela CVM, em relação a seus recursos próprios; *VIII — investidores não residentes.* (grifo nosso)
>
> Art. 9º-B São considerados *investidores qualificados:*
>
> I — *investidores profissionais*; II — pessoas naturais ou jurídicas que possuam investimentos financeiros em valor superior a R$
>
> 1.000.000,00 (um milhão de reais) e que, adicionalmente, atestem por escrito sua condição de investidor qualificado mediante termo próprio, de acordo com o Anexo 9-B; III — as pessoas naturais que tenham sido aprovadas em exames de qualificação técnica ou possuam certificações aprovadas pela CVM como requisitos para o registro de agentes autôno-

> mos de investimento, administradores de carteira, analistas e consultores de valores mobiliários, em relação a seus recursos próprios; e IV — clubes de investimento, desde que tenham a carteira gerida por um ou mais cotistas, que sejam investidores qualificado. (grifo nosso)[124]

Percebe-se que a interpretação literal dos dispositivos permite concluir que em se tratando de não residentes, sejam eles investidores institucionais estrangeiros ou pessoas físicas que saíram do Brasil mas desejam permanecer investindo no país, são consideradas como investidores profissionais e, portanto, qualificados, independentemente da assinatura de termo atestando a sua condição ou mesmo o volume financeiro do patrimônio.

A controvérsia incide no fato de ao mesmo tempo em que a não obrigatoriedade de adequação ao perfil confere ao não residente o acesso a uma gama de produtos bastante ampla, disponível apenas para essa categoria por serem mais sofisticados e com maior risco atrelado, também é retirada a proteção que a realização do *suitability* confere.

No entanto, é preciso classificar os investidores não residentes em subcategorias com regramentos distintos, de forma que seja possível diferenciar o fundo estrangeiro bilionário da pessoa física com portfólio de R$ 5 milhões de reais. São diferenças gritantes que não podem ser ignoradas. Não dá para simplesmente presumir que por ser não residente possui a qualificação necessária para ser um investidor profissional. Da forma em que está, o propósito maior de criação da regra não é atingido e é urgente que seja feita uma revisão do dispositivo para corrigir essa incongruência, principalmente considerando a tendência a flexibilização de acesso que tende a aumentar o número de investidores não residentes no mercado brasileiro.

Apesar dessa falha ainda existente, algumas revisões no sentido de proporcionar um ambiente mais transparente, seguro e igualitário já ocorreram, como por exemplo, em relação ao Fundo Garantidor de

[124] COMISSÃO DE VALORES MOBILIÁRIOS. **Instrução CVM nº 539, de 13 de novembro de 2013, com as alterações introduzidas pelas Instruções CVM nº 554/14, 593/17 E 604/18.** Dispõe sobre o dever de verificação da adequação dos produtos, serviços e operações ao perfil do cliente. Disponível em: http://www.cvm.gov.br/export/sites/cvm/legislacao/instrucoes/anexos/500/inst539consolid.pdf. Acesso em: 30/09/2020.

Crédito (FGC), instituição criada em 1995 com o objetivo de proteger depositantes e investidores no âmbito do Sistema Financeiro Nacional, mas que excluía os não residentes dessa proteção.[125]

Após as alterações introduzidas no regulamento do FGC em 21 de dezembro de 2017, a proteção aplicada aos residentes no Brasil passou a ser estendida aos não residentes, conferindo igualdade de tratamento entre os investidores. Os principais pontos de mudança no Fundo foram:

Como era	Como ficou
Garantia de até R$ 250 mil por CPF/CNPJ e conglomerado financeiro, em depósitos cobertos pelo Fundo Garantidor de Créditos e emitidos por instituições associadas à entidade.	Limite permanece inalterado.
Não havia teto para garantia paga pelo FGC por CPF ou CNPJ em qualquer período.	Teto de R$ 1 milhão por CPF ou CNPJ, a cada período de 4 anos, para a garantia paga pelo FGC.
Investidores não-residentes não contavam com a garantia do FGC.	Investidores não-residentes passam a contar com a garantia, para investimentos elegíveis.

Fonte: Fundo Garantidor de Crédito (FGC)

Dessa forma, a partir de dezembro de 2017, o investidor não residente passou a ser beneficiário da garantia conferida pelo FGC, que possui papel um importante para a estabilidade e credibilidade do sistema financeiro nacional. Os produtos contemplados com essa garantia, respeitado os limites de acordo com o Regulamento, são:

[125] BRASIL. Fundo Garantidor de Créditos. **Limitação da garantia até R$ 1 milhão.** Disponível em: https://www.fgc.org.br/garantia-fgc/fgc-nova-garantia. Acesso em: 27/09/2020.

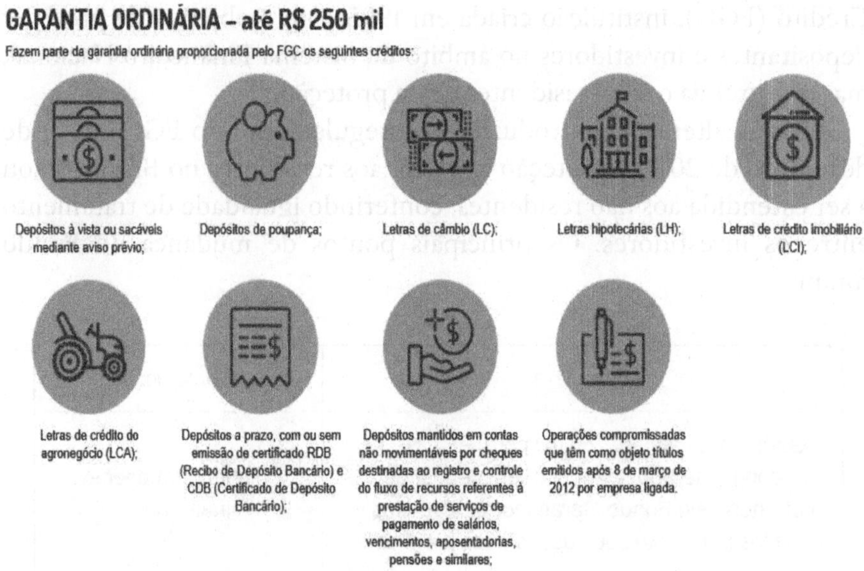

Fonte: Fundo Garantidor de Crédito (FGC)

5.2 Participação societária

Outro aspecto a ser observado é a manutenção de participação societária no Brasil. Como o capital do não residente é considerado capital estrangeiro, é necessário identificar junto ao Banco Central a participação em empresa brasileira, sob titularidade de um não residente fiscal, conforme previsto na Lei 4.131/62:

> Art. 1º Consideram-se capitais estrangeiros, para os efeitos desta lei, os bens, máquinas e equipamentos, entrados no Brasil sem dispêndio inicial de divisas, destinados à produção de bens ou serviços, bem como os recursos financeiros ou monetários, introduzidos no país, para aplicação em atividades econômicas desde que, em ambas as hipóteses, pertençam a pessoas físicas ou jurídicas residentes, domiciliadas ou com sede no exterior.

> Art. 2º Ao capital estrangeiro que se investir no País, será dispensado tratamento jurídico idêntico ao concedido ao capital nacional em igualdade de condições, sendo vedadas quaisquer discriminações não previstas na presente lei.

> Do registro dos capitais, remessas e reinvestimentos
>
> Art. 3º Fica instituído, na Superintendência da Moeda e do Crédito, um serviço especial de registro de capitais estrangeiros, qualquer que seja sua forma de ingresso no País, bem como de operações financeiras com o exterior, no qual serão registrados:
> a) os capitais estrangeiros que ingressarem no País sob a forma de investimento direto ou de empréstimo, quer em moeda, quer em bens;
> b) as remessas feitas para o exterior com o retorno de capitais ou como rendimentos desses capitais, lucros, dividendos, juros, amortizações, bem como as de "royalties", ou por qualquer outro título que implique transferência de rendimentos para fora do País;
> c) os reinvestimentos de lucros dos capitais estrangeiros;
> d) as alterações do valor monetário do *capital das empresas procedidas de acordo com a legislação em vigor.*

O sistema utilizado para reportar essas informações é o denominado Registro Declaratório de Investimento Estrangeiro Direto (RDE-IED), o qual deve ser mantido sempre atualizado de modo a refletir a participação, bem como o fluxo financeiro de recursos provenientes da empresa brasileira para o sócio no exterior[126].

Da mesma forma, o Banco Central esclarece que a participação societária que deve ser declarada via RDE-IED é somente a detida de empresas brasileiras não listadas na bolsa de valores. Caso se trate de empresa listada em bolsa, o registro correto é o RDE-Portfolio vinculado à conta 4373 conforme exposto anteriormente.

> Investimento estrangeiro direto é a participação no capital social de empresa brasileira detida por investidor (pessoa física ou jurídica) não residente no país ou com sede no exterior, integralizada ou adquirida na forma da legislação em vigor, bem como o capital destacado de empresa estrangeira autorizada a operar no Brasil. *Não são considerados investimento estrangeiro direto, para efeito de registro no BC, as aplicações de investidores*

[126] BANCO CENTRAL DO BRASIL. **RDE-IED (Registro Declaratório Eletrônico — Investimento Estrangeiro Direto) Manual do Declarante.** Maio de 2020. Disponível em: https://www.bcb.gov.br/content/estabilidadefinanceira/Documents/manuais_RDE/Manual-RDE-IED.pdf. Acesso em: 09/07/2020.

> *não residentes adquiridas nos mercados financeiro e de capitais que constituam investimentos em portfólio. Estes estão sujeitos a registro no BC nos termos da Resolução nº 4.373, de 29 de setembro de 2014*[127].

É importante ressaltar que é vedado ao residente desempenhar a função de administrador de empresa brasileira, conforme determina o art. 146 da Lei das Sociedades Anônimas (Lei nº 6.404/76) de forma expressa: "*Art. 146. Poderão ser eleitas para membros dos órgãos de administração pessoas naturais, **devendo os diretores ser residentes no País**" (grifo nosso).* Esse entendimento, embora previsto na Lei das S/A, se aplica inclusive para os demais tipos societários conforme demonstrado a seguir.

> É interessante notar que a lei impõe como requisito para o exercício do cargo de administrador ser pessoa natural "residente" no país, e não "domiciliada". Foge ao escopo deste trabalho aprofundar a já conhecida distinção que a doutrina civilista traça entre domicílio e residência. De modo geral, pode-se dizer que "domicílio" é o lugar onde a pessoa presume estar para efeitos de direito, qualificado pela intenção de permanecer, ou, como dispôs o próprio legislador, o domicílio civil da pessoa natural é o lugar onde ela estabelece a sua residência com ânimo definitivo, ao passo que "residência" corresponde a uma situação de fato, caracterizando-se por ser o lugar em que a pessoa tem sua habitação, o local em que ela se encontra. A rigor, portanto, na residência não se tem o propósito de permanecer, que é essencial ao domicílio. Na prática, porém, como explica EGBERTO LACERDA TEIXEIRA, o estrangeiro que pretende eleger-se para cargo de administrador no Brasil, seja de sociedade anônima, seja de sociedade limitada, deve provar ter sido admitido no país em caráter permanente e estar devidamente registrado como tal. Significa dizer que seu ingresso no Brasil há de ter sido feito mediante visto permanente, concedido ao estrangeiro que pretenda fixar-se definitivamente no Brasil, nos termos do artigo 18 do Decreto-lei nº 941/1969. O referido Decreto-lei, em seu artigo 54, define como "permanência" a situação jurídica do estrangeiro no Brasil que se en-

[127] BANCO CENTRAL DO BRASIL. **RDE-IED (Registro Declaratório Eletrônico — Investimento Estrangeiro Direto) Manual do Declarante.** Maio de 2020. Pág. 64. Disponível em: https://www.bcb.gov.br/content/estabilidadefinanceira/Documents/manuais_RDE/Manual-RDE-IED.pdf Acesso em: 09/07/2020.

> contre no país sem limitação de tempo. O ordenamento jurídico brasileiro, portanto, não admite a eleição de administrador que tenha ingressado no País simplesmente com visto temporário, pois as hipóteses de concessão desse visto (Decreto-lei nº 941/1969, artigo 15) são de todo incompatíveis com o exercício de cargo de gestão social. Dessa forma, embora o legislador aluda apenas à residência, parece que, na prática, continua sendo necessário que o estrangeiro tenha a intenção não somente de morar no Brasil, como também de aqui permanecer, pelo menos, ao longo do período em que esteja no exercício do cargo. Esse é, nas palavras de TRAJANO DE MIRANDA VALVERDE, "(...) o único meio de tornar efetiva a sua responsabilidade".[128]

Como a presença permanente em território é compreendida como essencial para a vinculação da responsabilidade atrelada ao cargo de administrador, para aqueles que desejam emigrar e atuem na gestão gestão de empresas no Brasil, esse é um aspecto que deve ser avaliado com bastante cautela.

Para cumprimento das questões regulatórias atreladas à participação societária mantida pelo não residente, o Banco Central realiza o Censo de Capitais Estrangeiros no Brasil com periodicidade anual e quinquenal, levantando subsídios necessários para formulação de políticas econômicas e análises estatísticas.

Conforme dispõe a Circular nº 3.795/2016[129], as informações relevantes que precisam ser obtidas pelo Órgão Regulador, são as mencionadas no art. 3º da referida norma, abaixo transcrito.

> Art. 3º A declaração dos Censos Anual e Quinquenal compreenderá as informações necessárias à compilação das estatísticas do setor externo que digam respeito a:

[128] CRUZ, Gisela Sampaio; LGOW, Carla Wainer Chalréo (2014) **Notas da administração das sociedades limitadas.** In: PERES, Tatiana Bonatti (Org.) Temas Relevantes de Direito Empresarial. Rio de Janeiro: Lumen Juris. Rio de Janeiro: 2014. Disponível em: https://www.bmalaw.com.br/arquivos/Artigos/11-09-NOTAS_SOBRE_A_ADMINISTRACAO_DAS_SOCIEDADES_LIMITADAS.PDF. Acesso em: 09/07/2020.

[129] BANCO CENTRAL DO BRASIL. **Circular nº 3.795 de 16/6/2016.** Dispõe sobre os Censos Anual e Quinquenal de Capitais Estrangeiros no País. Disponível em: https://www.bcb.gov.br/pre/normativos/busca/downloadNormativo.asp?arquivo=/Lists/Normativos/Attachments/50213/Circ_3795_v1_O.pdf. Acesso em: 26/09/2021.

I — estrutura societária de pessoa jurídica ou fundo de investimento sediado no Brasil e especificação quanto aos sócios ou investidores não residentes; I
I — informações econômicas e contábeis da pessoa jurídica ou do fundo de investimento sediado no Brasil; e
III — informações de passivos com credores não residentes no Brasil.

As pessoas físicas e as entidades sem fins lucrativos mantidas financeiramente por não residentes são dispensadas de prestar declarações para ambos os censos. No entanto, as pessoas jurídicas que se enquadrem nos requisitos mencionados na Circular, devem providenciar a declaração conforme instruções fornecidas pelo BACEN, transcritas a seguir:

Censo Anual

Refere-se às datas-base dos anos não terminados em 0 (zero) ou 5 (cinco), ou seja, dos anos em que não ocorrem os Censos Quinquenais. Devem prestar a declaração do Censo Anual:
Pessoas jurídicas sediadas no país, com participação direta de não residentes em seu capital social, em qualquer montante, e com patrimônio líquido igual ou superior ao equivalente a US$100 milhões na data-base de 31 de dezembro do ano-base;
Fundos de investimento com cotistas não residentes e com patrimônio líquido igual ou superior ao equivalente a US$100 milhões, na data-base de 31 de dezembro do ano-base, por meio de seus administradores; e
Pessoas jurídicas sediadas no país, com saldo devedor total de créditos comerciais de curto prazo (exigíveis em até 360 dias) concedidos por não residentes, em montante igual ou superior ao equivalente a US$10 milhões, na data-base de 31 de dezembro do ano-base.[130]

Censo Quinquenal

Refere-se às data-base de anos terminados em 0 (zero) ou 5 (cinco). Devem prestar a declaração do Censo Quinquenal:

[130] BANCO CENTRAL DO BRASIL. **Censo de Capitais Estrangeiros no País**. Disponível em: https://www.bcb.gov.br/estabilidadefinanceira/censocapitaisestrangeiros. Acesso em: 26/09/2021.

Pessoas jurídicas sediadas no país, com participação direta de não residentes em seu capital social, em qualquer montante, na data-base de 31 de dezembro do ano-base;
Fundos de investimento com cotistas não residentes, na data-base de 31 de dezembro do ano-base, por meio de seus administradores; e
Pessoas jurídicas sediadas no país, com saldo devedor total de créditos comerciais de curto prazo (exigíveis em até 360 dias) concedidos por não residentes, em montante igual ou superior ao equivalente a US$1 milhão, na data-base de 31 de dezembro do ano-base.[131]

5.3 Previdência privada

A ideia de planejamento financeiro tem se desenvolvido muito, principalmente em decorrência de uma maior preocupação com a complementação de renda e manutenção do padrão de vida na aposentadoria.

Nesse contexto, os planos de previdência complementar denominados PGBL (Plano Gerador de Benefício Livre) e VGBL (Vida Gerador de Benefício Livre) são instrumentos utilizados tanto considerando o planejamento patrimonial em vida, pois compreendem uma fase de acumulação para posterior recebimento de renda (pagamento único de todo valor, renda mensal vitalícia ou por prazo determinado) embora passível de resgate caso haja alguma necessidade, como também o planejamento sucessório ao possibilitar que os recursos sejam transferidos aos beneficiários sem necessidade de inventário e sem incidência de ITCMD em grande parte dos Estados brasileiros.

Assim, diversos são os benefícios conferidos pela previdência complementar, seja pela liquidez imediata em um evento de sucessão, por não ser considerado herança, e, consequentemente, a transferência dos recursos ocorrer fora do processo de inventário acarretando uma redução significativa de custos inerentes a esse processo, seja pela flexibilização na regra sobre a forma de alocação dos recursos que hoje consegue proporcionar rentabilidades muito mais atrativas do que no passado, o que é fundamental para maximizar a acumulação aumentando o patrimônio e conferindo mais rendimentos no futuro. Por todos esses bene-

[131] BANCO CENTRAL DO BRASIL. **Censo de Capitais Estrangeiros no País.** Disponível em: https://www.bcb.gov.br/estabilidadefinanceira/censocapitaisestrangeiros. Acesso em: 26/09/2021.

fícios, é muito comum que mesmo após a saída definitiva do Brasil, os planos de previdência complementar sejam mantidos como parte da estratégia do planejamento patrimonial.

As alíquotas aplicadas ao residente fiscal brasileiro variam de acordo com regime escolhido, progressivo ou regressivo, conforme tabelas abaixo:

Tabela Progressiva Mensal IR (Carnê- Leão)		
Base de cálculo (R$)	**Alíquota (%)**	**Parcela a deduzir do IRPF (R$)**
Até 1.903,98	-	-
De 1.903,99 até 2.826,65	7,5	142,8
De 2.826,66 até 3.751,05	15	354,8
De 3.751,06 até 4.664,68	22,5	636,13
Acima de 4.664,68	27,5	869,36

Tabela Regressiva IR	
Prazo de Aplicação	**Alíquota (%)**
Até 2 anos	35
De 2 a 4 anos	30
De 4 a 6 anos	25
De 6 a 8 anos	20
De 8 a 10 anos	15
Acima de 10 anos	10

Contudo, para o não residente fiscal as tabelas acima não se aplicam, ou seja, não há progressividade ou regressividade, **a tributação incide em alíquotas únicas de 25% para o PGBL e 15% para o VGBL.**

> ASSUNTO: IMPOSTO SOBRE A RENDA RETIDO NA FONTE — IRRF | RESIDENTE NO EXTERIOR — Benefícios ou Resgates de Contribuições da Previdência Privada. Os valores pagos, creditados, entregues, empregados ou remetidos a beneficiários residentes ou domiciliados no exterior por Entidade de Previdência Privada, a título de benefício, bem como as importâncias correspondentes ao resgate de contribuições, devem ser tributados exclusivamente na fonte à alíquota de 25%, por se tratar de rendimento do trabalho. Se tais valores forem relativos a planos de Seguro de Vida com Cláusula de Cobertura por Sobrevivência (VGBL), devem ser tributados exclusivamente na fonte à alíquota de 15%, exceto no caso de tratar-se de país com tributação favorecida quando a alíquota será majorada para 25%. Dispositivos Legais: Art. 16 da Lei nº 4.506, de 31.11.1964; e arts. 43, XI e XIV, e 685 do Decreto nº 3.000, de 26.03.1999.[132]

Como existe Acordo entre Brasil e Portugal para evitar a dupla tributação, no caso de rendimentos recebidos de PGBL[133], durante o período de recebimento do benefício, após a fase de acumulação, pela natureza previdenciária atribuída a essa modalidade de plano e considerando os termos do Tratado (art. 18, abaixo transcrito com a identificação de Portugal para facilitar a compreensão), não há tributação no Brasil.

> Artigo 18º
> Pensões
>
> 1. Com ressalva do disposto no nº 2 do Artigo 19º, as pensões e remunerações similares pagas a um residente de um Estado Contratante

[132] RECEITA FEDERAL. **Solução de Consulta Nº 163 de 17 de Julho de 2013**. Superintendência Regional da Receita Federal, 8ª Região Fiscal Disponível em: http://normas.receita.fazenda.gov.br/sijut2consulta/anexoOutros.action?idArquivoBinario=44676. Acesso em: 16/01/2020.

[133] Não aplicado a resgates, apenas ao benefício recebido sob a forma de conversão do plano em renda. Diferentemente do PGBL, o VGBL possui natureza de seguro de vida, por esse motivo não pode ser enquadrado como pensão nos termos do Tratado para evitar a Dupla Tributação.

[Portugal] em conseqüência de um emprego anterior *só podem ser tributadas nesse Estado [Portugal].*

2. Não obstante o disposto no nº 1 deste Artigo, as pensões e remunerações similares pagas nos termos da legislação relativa à segurança ou seguridade social de um Estado Contratante ou de uma das suas subdivisões políticas só podem ser tributadas nesse Estado. *(grifo nosso)*

ASSUNTO: NORMAS GERAIS DE DIREITO TRIBUTÁRIO LEGISLAÇÃO TRIBUTÁRIA. CONVENÇÃO INTERNACIONAL. OBSERVÂNCIA. Os tratados e as convenções internacionais revogam ou modificam a legislação tributária interna e serão observados pela que lhes sobrevenha. Dispositivos Legais: Lei nº 5.172, de 25 de outubro de 1966 — Código Tributário Nacional (CTN), art. 98. ASSUNTO: IMPOSTO SOBRE A RENDA RETIDO NA FONTE — IRRF CONVENÇÃO ENTRE A REPÚBLICA FEDERATIVA DO BRASIL E A REPÚBLICA PORTUGUESA DESTINADA A EVITAR A DUPLA TRIBUTAÇÃO E A PREVENIR A EVASÃO FISCAL EM MATÉRIA DE IMPOSTOS SOBRE O RENDIMENTO. PLANOS DE PREVIDÊNCIA COMPLEMENTAR FECHADA. PAGAMENTOS A RESIDENTES EM PORTUGAL. Os pagamentos efetuados por entidade fechada de previdência complementar privada, situada no Brasil, instituída por empresa pública que exerce atividade econômica em sentido estrito, a pessoa física residente em Portugal, em razão de planos de benefícios, não se sujeitam à incidência do IRRF, por serem tributados somente no país de residência do beneficiário. Dispositivos Legais: Decreto nº 4.012, de 13 de novembro de 2001, art. 18, 1. ASSUNTO: PROCESSO ADMINISTRATIVO FISCAL CONSULTA TRIBUTÁRIA. INEFICÁCIA PARCIAL. É ineficaz a consulta, quando não se referir à interpretação da legislação tributária, nem indicar os dispositivos legais e normativos que ensejaram a apresentação da consulta. Dispositivos Legais: IN RFB nº 1.396, de 16 de setembro de 2013, art. 18, inciso II.[134]

[134] RECEITA FEDERAL. **Solução de Consulta Nº 91 — Cosit, de 21 de março de 2019**. Coordenação Geral de Tributação. Disponível em: http://normas.receita.fazenda.gov.br/sijut2consulta/anexoOutros.action?idArquivoBinario=51797Acesso em: 16/01/2020.

Em Portugal, considerando o Regime do Não Residente Habitual, a isenção aplicada aos rendimentos auferidos no exterior alcançava inclusive os provenientes de planos de previdência. No entanto, após a constatação de que não estavam sendo tributados em nenhum dos dois países, a Lei Portuguesa nº 2/2020 de 31 de março, passou a instituir a cobrança de 10% de Imposto sobre esses rendimentos.

> *(Lei nº 2/2020, de 31 de março, Orçamento do Estado para 2020.)*
> Art. 72, 12 — Os residentes não habituais em território português são ainda tributados à taxa de 10 % relativamente aos rendimentos líquidos de pensões, incluindo os da categoria H e os previstos na alínea d) do nº 1 e subalíneas 3) e 11) da alínea b) do nº 3 do artigo 2º, quando, pelos critérios previstos no nº 1 do artigo 18º, não sejam de considerar obtidos em território português, na parte em que os mesmos, quando tenham origem em contribuições, não tenham gerado uma dedução para efeitos do nº 2 do artigo 25º

Essa estratégia de planejamento tributário foi muito utilizada por brasileiros que imigraram para Portugal beneficiando-se da ausência de tributação sobre a renda recebida de plano de previdência complementar na modalidade PGBL. No entanto, ainda considerando a incidência de alíquota de Imposto sobre o Rendimento em Portugal, é uma tributação leve, principalmente levando em conta que no Brasil só é obtida alíquota similar após decorridos 10 anos de aplicação na tabela regressiva aplicada aos residentes.

5.4 Imóveis

Aqueles que mantiverem imóveis no Brasil podem utilizar a conta CDE para pagamento das despesas relativas a esses bens.

No que se refere a rendimentos oriundos de aluguel das propriedades, a Receita Federal esclarece que o tratamento tributário aplicado aos rendimentos provenientes de aluguel deverá primeiramente observar a existência ou não de Tratado para evitar a dupla tributação. No caso de Brasil e Portugal, o Tratado dispõe da seguinte forma:

> Artigo 6º
> Rendimentos dos Bens Imobiliários
>
> 1. Os rendimentos que um residente de um Estado Contratante *[Portugal]* aufira de bens imobiliários (incluídos os rendimentos das explo-

rações agrícolas ou florestais) situados no outro Estado Contratante *[Brasil] podem ser tributados nesse outro Estado [Brasil]*[135].

2. A expressão "bens imobiliários" terá o significado que lhe for atribuído pelo direito do Estado Contratante em que tais bens estiverem situados. A expressão compreende sempre os acessórios, o gado e o equipamento das explorações agrícolas e florestais, os direitos a que se apliquem as disposições do direito privado relativas à propriedade, o usufruto de bens imóveis e os direitos a retribuições variáveis ou fixas pela exploração ou pela concessão da exploração de jazidas minerais, fontes e outros recursos naturais. Os navios e aeronaves não são considerados bens imobiliários.

3. O disposto no nº 1 aplica-se aos rendimentos derivados da utilização direta, do arrendamento ou de qualquer outra forma de utilização dos bens imobiliários.

4. O disposto nos nºs 1 e 3 aplica-se igualmente aos rendimentos provenientes dos bens imobiliários de uma empresa.

3. As disposições anteriores aplicam-se igualmente aos rendimentos derivados dos bens mobiliários ou de serviços conexos com os bens imobiliários que, de acordo com o direito fiscal do Estado Contratante em que tais bens estiverem situados ou os serviços sejam prestados, sejam assimilados aos rendimentos derivados dos bens imobiliários. *(grifo nosso)*

Logo, ao estabelecer que podem ser tributados no Brasil, estarão sujeitos a incidência de Imposto de Renda a alíquota de 15%[136], o qual deve ser recolhido pelo procurador do não residente nomeado para representá-lo no país.

Nesse sentido, orienta a Receita Federal no Perguntão 2020 acerca do recolhimento:

[135] Art. 6º, transcrito com a identificação de Portugal e Brasil para facilitar a compreensão.

[136] RECEITA FEDERAL. **Instrução Normativa RFB Nº 1500/14**. Dispõe sobre normas gerais de tributação relativas ao Imposto sobre a Renda das Pessoas Físicas. Art. 33: No caso de rendimentos de aluguéis de imóveis recebidos por residentes ou domiciliados no exterior, compete ao seu procurador a retenção do imposto mediante aplicação da alíquota de 15% (quinze por cento), observado o disposto no art. 31. Disponível em: http://normas.receita.fazenda.gov.br/sijut2consulta/link.action?visao=anotado&idAto=57670#:~:text=de%20 1999%2C%20resolve%3A-,Art.,das%20Pessoas%20F%C3%ADsicas%20(IRPF). Acesso em: 20/09/2020.

ALUGUÉIS RECEBIDOS POR NÃO RESIDENTE

192 — Qual é o tratamento tributário dos rendimentos de aluguel de imóvel localizado no Brasil recebidos por não residente no Brasil? Preliminarmente, deve-se verificar se há acordo ou tratado entre o Brasil e o país de origem do residente no exterior. Existindo tais instrumentos, o tratamento fiscal será aquele neles previsto. Não havendo acordo o rendimento é tributado exclusivamente na fonte à alíquota de 15%. Atenção: O imposto deve ser recolhido na data da ocorrência do fato gerador, sendo responsável pelo recolhimento o procurador do residente no exterior. O procurador deve efetuar o recolhimento de Darf, com código de receita 9478, em seu próprio CPF, posteriormente, na Dirf, informará o beneficiário dos respectivos rendimentos. (Decreto-Lei nº 5.844, de 23 de setembro de 1943, art. 100, parágrafo único; Regulamento do Imposto sobre a Renda — RIR/2018, arts. 745, § 3º, 763 e 781, aprovado pelo Decreto nº 9.580, de 22 de novembro de 2018; Instrução Normativa SRF nº 208, de 27 de setembro de 2002; e Instrução Normativa RFB nº 1.500, de 29 de outubro de 2014, art. 33)[137]

5.5 Atividade Rural

Embora não seja uma hipótese muito frequente, é possível que o não residente desempenhe atividade rural no Brasil, e, consequentemente, obtenha rendimentos dessa atividade. Logo, não há necessidade de se desfazer da propriedade rural após concluída a emigração, desde que a manutenção desse tipo de vínculo seja eficiente do ponto de vista de planejamento patrimonial e governança tributária.

Embora o termo atividade rural seja extremamente amplo, considerando a multiplicidade de ações cabíveis dentro desse contexto, é importante se atentar ao que diz a legislação tributária especificamente.

> No âmbito da legislação tributária, as atividades rurais se submetem a regimes jurídicos específicos em relação às atividades econômicas em geral. Neste sentido, em vista do tratamento tributário particular que se confere à atividade rural, o legislador houve por bem estabelecer defi-

[137] RECEITA FEDERAL. **Perguntas e Respostas — Imposto sobre a renda da Pessoa Física 2020**. Disponível em: http://receita.economia.gov.br/interface/cidadao/irpf/2020/perguntao/pr-irpf-2020-v-1-2-2020-04-13_publicacao.pdf. Acesso em: 20/09/2020.

nições mais restritas do que aquela contida na Lei nº 8.171/91, e até mais restritas do que as definições da legislação estrangeira[138].

Dessa forma, o Regulamento do Imposto sobre a Renda elenca o rol de atividades que para fins tributários são compreendidas dentro do conceito de atividade rural, conforme consta no art. 51 abaixo transcrito:

> Art. 51. Para fins do disposto neste Regulamento, considera-se atividade rural (Lei nº 8.023, de 12 de abril de 1990, art. 2º; e Lei nº 9.430, de 1996, art. 59):
> I — a agricultura;
> II — a pecuária;
> III — a extração e a exploração vegetal e animal;
> IV — a exploração:
> a) da apicultura;
> b) da avicultura;
> c) da cunicultura;
> d) da suinocultura;
> e) da sericicultura;
> f) da piscicultura; e
> g) de outras culturas animais;
> V — a transformação de produtos decorrentes da atividade rural, desde que não sejam alteradas a composição e as características do produto in natura, feita pelo próprio agricultor ou pelo criador, com equipamentos e utensílios usualmente empregados nas atividades rurais, com uso exclusivo de matéria-prima produzida na área rural explorada, tais como a pasteurização e o acondicionamento do leite e o acondicionamento do mel e do suco de laranja em embalagem de apresentação; e
> VI — o cultivo de florestas que se destinem ao corte para comercialização, consumo ou industrialização.
> § 1º O disposto neste artigo não se aplica à mera intermediação de animais e de produtos agrícolas (Lei nº 8.023, de 1990, art. 2º, parágrafo único).
> § 2º As atividades a que se refere o inciso III do caput abrangem a captura de pescado in natura, desde que a exploração se faça com apetre-

[138] Ben-Hur Carvalho Cabrera Mano Filho. **Tributação da Atividade Rural** (p. 32). Edições Almedina. Edição do Kindle.

> chos semelhantes aos da pesca artesanal, tais como arrastões de praia e rede de cerca, inclusive a exploração em regime de parceria.[139]

Assim, caso o não residente desempenhe qualquer uma dessas atividades no Brasil, a tributação dos rendimentos será à alíquota de 15% considerando que Portugal não é um país de tributação favorecida. Um aspecto importante diz respeito a necessidade de procurador para realizar a apuração e pagamento do imposto devido, o que reforça a obrigatoriedade de nomeação de um procurador no Brasil para cumprimento das obrigações fiscais. A Receita Federal orienta da seguinte forma:

> ATIVIDADE RURAL EXERCIDA NO BRASIL POR NÃO RESIDENTE
> 493 — Como devem ser tributados os rendimentos decorrentes de atividade rural exercida no Brasil por não residente no país? O resultado da atividade rural exercida no Brasil por não residente no país deve ser apurado por ocasião do encerramento do ano-calendário, segundo as mesmas normas previstas para quem seja residente no Brasil, constitui a base de cálculo do imposto e é tributado à alíquota de 15%. Quando recebido por residente em país com tributação favorecida, a alíquota é de 25%. A apuração deve ser feita por procurador, a quem compete reter e recolher o imposto devido. O imposto apurado deve ser pago na data da ocorrência do fato gerador. Ocorrendo remessa de valores antes do encerramento do ano-calendário (exceto no caso de devolução de capital), o imposto deve ser recolhido no ato sobre o valor remetido por ocasião do evento. Na apuração do resultado da atividade rural exercida no Brasil por não residente no país não são permitidas: a) opção pelo limite da base de cálculo à razão de 20% sobre a receita bruta; e b) compensação de prejuízo apurado. (Lei nº 9.250, de 26 de dezembro de 1995, art. 20; Instrução Normativa SRF nº 83, de 11 de outubro de 2001, art. 26; e Instrução Normativa SRF nº 208, de 27 de setembro de 2002, art. 42, caput e § 3º)[140]

[139] BRASIL. **Decreto nº 9.580, de 22 de novembro de 2018**. Regulamenta a tributação, a fiscalização, a arrecadação e a administração do Imposto sobre a Renda e Proventos de Qualquer Natureza. Disponível em: http://www.planalto.gov.br/ccivil_03/_ato2015-2018/2018/decreto/D9580.htm. Acesso em: 03/10/2020.

[140] RECEITA FEDERAL. **Perguntas e Respostas — Imposto sobre a Renda da Pessoa Física 2020**. Ministério da Economia. Secretaria Especial da Receita Federal. Disponível em: http://receita.economia.gov.br/interface/cidadao/irpf/2020/perguntao/pr-irpf-2020-v-1-2-2020-04-13_publicacao.pdf. Acesso em: 03/10/2020.

6. SUCESSÃO DE BENS MANTIDOS NO BRASIL

Pensar sobre sucessão nem sempre é tarefa fácil porque traz à tona a ideia de finitude do ser humano que, embora inevitável, é por vezes rejeitada em diversos momentos e principalmente quando pensamos possuir todo tempo do mundo.

Mas pensar sobre a sucessão e, mais ainda, organizá-la adequadamente é um ato de amor dedicado aos beneficiários do legado familiar e patrimonial. Quando se trata de emigração, esse aspecto tem que ser considerado para que seja possível minimizar custos e procedimentos que podem tornar ainda mais desgastante um momento que por si só já possui uma sobrecarga emocional imensa.

Por isso, é importante falar sobre esse tema e conhecer alguns aspectos aplicados a manutenção de bens do Brasil pelo não residente e o que acontece em um evento sucessório.

Em matéria de sucessão, dois elementos essenciais precisam ser considerados. O primeiro diz respeito ao aspecto pessoal, ou seja, o *de cujus* e seus herdeiros. O segundo está relacionado ao patrimônio deixado, que compõe o aspecto material.

Quando o evento sucessório possui reflexos pessoais e patrimoniais em mais de uma jurisdição, é preciso socorrer-se dos princípios básicos de direito internacional privado para solucionar os conflitos de leis no espaço.

> No Direito Internacional Privado, quatro elementos de conexão se apresentam na sucessão causa mortis: situação dos bens, nacionalidade, domicílio e lugar de falecimento do *de cujus*.

> A *situação dos bens* é a circunstância de conexão escolhida para os bens imóveis e é reconhecida em todos os ordenamentos jurídicos. Quanto aos bens móveis, o elemento de conexão é o domicílio do proprietário.
> A *nacionalidade* do falecido é conexão muito usada no Direito Internacional Privado Sucessório, em especial nos países europeus, nos quais se emprega o *jus patriae*, direito nacional do transmitente da herança.
> O *domicílio*, empregado no Brasil por força do caput do artigo 10 da LINDB, é fator de conexão no qual o direito que vai apreciar a sucessão é o do último domicílio do falecido, qualquer que seja a natureza e a situação dos bens. É mais lógico e racional, pois se utiliza o direito mantido pelo meio social onde o de cujus viveu, onde provavelmente constituiu e consolidou o seu patrimônio e onde deixou os seus últimos débitos a pagar. Como observa Amílcar de Castro, a legislação sucessória de um país liga-se estreitamente ao temperamento do povo, às suas tradições, às suas concepções políticas, sociais, morais e até religiosas. Portanto, a integração do falecido ao meio jurídico e econômico em que viveu, de forma permanente e por sua vontade, torna-se decisiva para que se proceda a sucessão por esse ordenamento jurídico, não importando que, pelo lado político — representado pela sua nacionalidade, ele estivesse ligado a outro Estado, no qual não vivia.[141]

O local do falecimento não é considerado um elemento de conexão relevante quando dissociado dos demais. Isso porque com toda a mobilidade que existe atualmente com constantes deslocamento entre diversos países, vincular a lei sucessória do local do óbito seria inconcebível do ponto de vista jurídico e procedimental.

No Brasil, conforme exposto, a Lei de Introdução às Normas do Direito Brasileiro (LINDB)[142] utiliza o domicílio como elemento de conexão para determinação da lei aplicável no evento sucessório ao estabelecer como regra a lei do último domicílio do *de cujus*, nos termos

[141] Del'Olmo, Florisbal de Souza. Jaeger Jr., Augusto. **Curso de direito internacional privado.** 12ª. ed. rev., atual. e ampl. — Rio de Janeiro: Forense, 2017, pág. 202 (ebook).

[142] BRASIL. **Decreto-Lei Nº 4.657, de 4 de setembro de 1942. Lei de Introdução às normas do Direito Brasileiro** (Redação dada pela Lei nº 12.376, de 2010). Disponível em: http://www.planalto.gov.br/ccivil_03/decreto-lei/del4657compilado.htm. Acesso em: 27/09/2020.

do seu art. 7º *"A lei do país em que domiciliada a pessoa determina as regras sobre o começo e o fim da personalidade, o nome, a capacidade e os direitos de família"*, cumulado com o seu art. 10. *"A sucessão por morte ou por ausência obedece à lei do país em que domiciliado o defunto ou o desaparecido, qualquer que seja a natureza e a situação dos bens"*.

Assim, no que diz respeito à lei aplicável, via de regra, será a do último domicílio do falecido, logo, no contexto de emigração aqui abordado, seria a Lei Portuguesa. No entanto, existindo cônjuge ou filhos brasileiros, a lei aplicada à sucessão será a que for mais favorável comparando-se Brasil e Portugal (art. 10, § 1º: *"A sucessão de bens de estrangeiros, situados no País, será regulada pela lei brasileira em benefício do cônjuge ou dos filhos brasileiros, ou de quem os represente, sempre que não lhes seja mais favorável a lei pessoal do de cujus")*.

Salienta Del'Olmo que a escolha da lei mais benéfica aplicada aos nacionais brasileiros quando a sucessão envolver herdeiros de nacionalidades distintas, pode causar uma disparidade com potencial prejuízo a direitos fundamentais.

> Tal benefício — conhecido na doutrina como prélèvement (um dos limites à aplicação da lei estrangeira) — entende-se ser contrário ao direito de igualdade previsto como valor fundamental da ordem jurídica brasileira e à necessária aplicação do DIPr à luz da gramática dos direitos humanos, defendida cada vez mais. Isso porque ao conceder um tratamento mais favorável a nacional brasileiro, dar-se-á lugar a situações de desigualdade entre herdeiros — inclusive entre irmãos –, sempre que estes forem de nacionalidades diversas.
>
> Discriminações com base na nacionalidade das partes envolvidas vêm sendo abolidas dos ordenamentos internos por força de convenções internacionais, e se tornam mais ainda sensíveis em um país que abandonou a nacionalidade como o elemento de conexão do estatuto pessoal em 1942. A utilização do elemento de conexão nacionalidade do cônjuge e dos filhos do de cujus para a concessão de um benefício patrimonial apresenta-se como um fator de discriminação não valioso, portanto.[143].

[143] Del'Olmo, Florisbal de Souza. Jaeger Jr., Augusto. **Curso de direito internacional privado.** 12ª. ed. rev., atual. e ampl. — Rio de Janeiro: Forense, 2017, pág. 203 (ebook).

Nesse sentido de existirem legislações que dispõem a respeito do direito sucessório de forma mais vantajosas para os herdeiros necessários, explicita Mazzuoli conforme abaixo:

> Muitas leis estrangeiras preveem maiores benefícios para os cônjuges ou filhos que a lei brasileira. Por exemplo, enquanto o direito brasileiro (CC, art. 1.789) prevê que, "[h]avendo herdeiros necessários, o testador só poderá dispor da metade da herança", o direito francês (CC, art. 913) estabelece que "[a]s doações, seja por ato entre vivos, seja por testamento, não poderão exceder a metade dos bens do testador, se ele apenas deixou um filho ao tempo de sua morte; um terço, se deixou dois filhos; um quarto, se deixou três ou número maior". Como se nota, no direito francês a parcela correspondente aos herdeiros necessários é majorada da metade até três quartos dos bens deixados pelo de cujus, em razão do número de filhos existentes. Assim, se não se pode doar mais que um quarto do patrimônio quando a pessoa tiver, v.g., três filhos, é porque restam três quartos do patrimônio para que se partilhem entre eles, benefício maior que o da lei brasileira, que determina a legítima de apenas metade da herança para todos eles[144].

Mesmo a legislação portuguesa difere da brasileira em relação a quantificação da legítima, sendo que em território luso, o percentual varia de acordo com o número de herdeiros, conforme demonstrado a seguir:

> 3 Existem restrições à liberdade de disposição por morte (por exemplo, a legítima)?
> Sim, à luz da legislação portuguesa a legítima constitui uma restrição à liberdade de disposição por morte. Entende-se por legítima a porção de bens de que o testador não pode dispor, por ser legalmente destinada aos herdeiros legitimários. Esta é a chamada sucessão legitimária. É uma forma de sucessão legal que não pode ser afastada por vontade do autor da sucessão.

[144] Mazzuoli, Valerio de Oliveira. **Curso de direito internacional privado** — 4. ed. — Rio de Janeiro: Forense, 2019.

São herdeiros legitimários: o cônjuge, os descendentes e os ascendentes.
O cônjuge e os descendentes integram a primeira classe de sucessíveis.
Na falta de descendentes, são chamados o cônjuge e os ascendentes.
É a seguinte porção dos bens de que o testador não pode dispor (legítima):
A legítima do cônjuge e dos filhos é de dois terços da herança.
Se o autor da herança não deixar descendentes nem ascendentes, a legítima do cônjuge é de metade da herança.
Se o autor da herança não deixar cônjuge, mas deixar filhos, a legitima é de metade da herança caso exista um só filho e de dois terços da herança caso existam dois ou mais filhos.
A legítima dos descendentes do segundo grau e seguintes é aquela que caberia ao seu ascendente.
Se não houver descendentes, a legitima do cônjuge e dos ascendentes é de dois terços da herança.
Se não houver descendentes nem cônjuge sobrevivo a legítima dos pais é de metade da herança; se forem chamados ascendentes de segundo grau e seguintes, a legítima destes é de um terço da herança.[145]

Verifica-se, portanto, que mesmo que a prevalência do critério de nacionalidade como mitigador da lei do último domicílio do *de cujus* deve ser aplicada com cautela e sempre com o intuito de impedir que esse efeito cause desamparo entre herdeiros de nacionalidades distintas e fomente situações de desigualdade que são amplamente combatidas no direito internacional.

Superadas as questões referentes a lei aplicável e o critério do último domicílio do *de cujus*, cumpre esclarecer que isso não significa que não haverá necessidade de realização de inventário no Brasil, pelo contrário, os bens mantidos no Brasil somente serão transferidos aos herdeiros após a realização de inventário no Brasil. Uma coisa é a lei aplicável à ação de inventário, outra coisa é a ação de inventário propriamente dita, que é instrumento jurídico essencial para transmissão do patrimônio causa mortis.

[145] UNIÃO EUROPEIA. Rede Judiciária Europeia (em matéria civil e comercial). **Informações gerais — Portugal**. Disponível em: https://e-justice.europa.eu/content_succession-166-pt-pt.do#toc_3. Acesso em 27/09/2020.

Dessa forma, dispõe o art. 23 do Código de Processo Civil[146] a competência exclusiva do judiciário brasileiro para proceder com a confirmação de testamento e inventário de bens situados no país.

> Art. 23. Compete à autoridade judiciária brasileira, com exclusão de qualquer outra:
> I — conhecer de ações relativas a imóveis situados no Brasil;
> II — *em matéria de sucessão hereditária, proceder à confirmação de testamento particular e ao inventário e à partilha de bens situados no Brasil, ainda que o autor da herança seja de nacionalidade estrangeira ou tenha domicílio fora do território nacional;*
> III — em divórcio, separação judicial ou dissolução de união estável, proceder à partilha de bens situados no Brasil, ainda que o titular seja de nacionalidade estrangeira ou tenha domicílio fora do território nacional. (grifo nosso)

Logo, possuir patrimônio a ser partilhado em mais de uma jurisdição traz diversas implicações devido à pluralidade de juízos sucessórios, e é preciso considerar esse aspecto no momento da organização patrimonial no contexto emigratório para torná-la menos onerosa e mais eficiente.

[146] BRASIL. **Lei nº 13.105, de 16 de março de 2015. Código de Processo Civil**. Disponível em: http://www.planalto.gov.br/ccivil_03/_ato2015-2018/2015/lei/l13105.htm. Acesso em: 27/09/2020.

7. PORTUGAL COMO DESTINO

Após entender todos os impactos regulatórios e fiscais do status de não residente e se organizar para que a emigração aconteça com o planejamento adequado, já é possível arrumar as malas e se preparar para a chegada em Portugal, e início de uma nova vida na terra do vinho do Porto.

O intuito desse trabalho não é analisar com profundidade os aspectos jurídicos relacionados a cada elemento abordado da legislação portuguesa, mas tão somente traçar em linhas gerais os principais conceitos e formas mais comuns de imigração vivenciadas na prática.

Parte imprescindível do processo de imigração é obter assessoria jurídica especializada no país de destino para que seja identificada a melhor forma de ingresso, considerando as particularidades de cada indivíduo e grupo familiar, além do cumprimento das obrigações tributárias e regulatórias no novo país de residência fiscal.

7.1 Formas de ingresso no País

A forma de ingresso no país depende de diversos fatores que precisam ser analisados em conjunto. Para aqueles que já detém nacionalidade portuguesa ou de qualquer outro país da União Europeia, os trâmites para chegada em Portugal são muito mais simples, pois independem de visto ou permissões específicas.

No que se refere à obtenção de nacionalidade originária, para que sejam compreendidos os desafios enfrentados pelos brasileiros até então, no que concerne à prova de vinculação com a comunidade nacional, primeiramente será analisada a Lei de Nacionalidade Portuguesa em sua versão anterior à recente alteração de novembro de 2020, que dispunha sobre as formas de aquisição e seus requisitos, os quais compreendiam as seguintes hipóteses:

> Artigo 1º
> (Nacionalidade originária)
>
> 1 — São portugueses de origem:
>
> a) Os filhos de mãe portuguesa ou de pai português nascidos no território português;
>
> b) Os filhos de mãe portuguesa ou de pai português nascidos no estrangeiro se o progenitor português aí se encontrar ao serviço do Estado Português;
>
> c) Os filhos de mãe portuguesa ou de pai português nascidos no estrangeiro se tiverem o seu nascimento inscrito no registo civil português ou se declararem que querem ser portugueses;
>
> d) Os indivíduos nascidos no estrangeiro com, pelo menos, um ascendente de nacionalidade portuguesa do 2º grau na linha reta que não tenha perdido essa nacionalidade, se declararem que querem ser portugueses, possuírem laços de efetiva ligação à comunidade nacional e, verificados tais requisitos, inscreverem o nascimento no registo civil português;
>
> e) Os indivíduos nascidos no território português, filhos de estrangeiros, se pelo menos um dos progenitores também aqui tiver nascido e aqui tiver residência, independentemente de título, ao tempo do nascimento;
>
> f) Os indivíduos nascidos no território português, filhos de estrangeiros que não se encontrem ao serviço do respetivo Estado, que não declarem não querer ser portugueses, desde que, no momento do nascimento, um dos progenitores aqui resida legalmente há pelo menos dois anos;
>
> g) Os indivíduos nascidos no território português e que não possuam outra nacionalidade.
>
> 2 — Presumem-se nascidos no território português, salvo prova em contrário, os recém-nascidos que aqui tenham sido expostos.
>
> 3 — A verificação da existência de laços de efetiva ligação à comunidade nacional, para os efeitos estabelecidos na alínea d) do nº 1, implica o reconhecimento, pelo Governo, da relevância de tais laços, nomeadamente pelo conhecimento suficiente da língua portuguesa e pela existência de

contactos regulares com o território português, e depende de não condenação, com trânsito em julgado da sentença, pela prática de crime punível com pena de prisão de máximo igual ou superior a 3 anos, segundo a lei portuguesa.

4 — A prova da residência legal referida na alínea f) do nº 1 faz-se mediante a exibição do competente documento de identificação do pai ou da mãe no momento do registo[147].

Além da nacionalidade originária, existe ainda a possibilidade de obtenção da nacionalidade por efeito da vontade (filhos menores ou incapazes de pai ou mãe que adquira a nacionalidade portuguesa; aquisição por casamento ou união estável), pela adoção plena efetuada por nacional português ou pela via derivada por meio da naturalização (descendentes de judeus serfarditas, por exemplo), desde que preenchidos determinados requisitos.

Saindo da esfera de imigração via obtenção de nacionalidade, existe ainda possibilidade de aquisição de visto com autorização de residência. As formas de ingresso no país mais comumente utilizadas considerando essas hipóteses serão abordadas a seguir.

7.1.1 *Netos de portugueses*

A descendência portuguesa no Brasil é uma característica marcante da formação da nossa sociedade e, desde 2017, Portugal passou a conferir o direito de nacionalidade a netos de cidadãos portugueses, nascidos no estrangeiro desde que atendidos alguns requisitos até então, tais como: a) declaração expressa de vontade em ser português; b) demonstração de vínculo à comunidade nacional, e; c) não possuir condenação com trânsito em julgado pela prática de crime punível de acordo com a lei portuguesa com pena igual ou superior a 3 anos.

Essa possibilidade estava prevista no Art. 1º da Lei de Nacionalidade Portuguesa, alínea d, com a seguinte redação: "*Os indivíduos nascidos no estrangeiro com, pelo menos, um ascendente de nacionalidade portuguesa do 2º*

[147] PORTUGAL. **Lei nº 37/81. Lei de Nacionalidade.** Diário da República nº 228/1981, Série I de 1981-10-03. Versão Consolidada com alterações posteriores. Disponível em: https://dre.pt/web/guest/legislacao-consolidada/-/lc/34536975/diploma?_LegislacaoConsolidada_WAR_drefrontofficeportlet_rp=diploma&page=1. Acesso em: 04/10/2020.

grau na linha reta que não tenha perdido essa nacionalidade, se declararem que querem ser portugueses, possuírem laços de efetiva ligação à comunidade nacional e, verificados tais requisitos, inscreverem o nascimento no registo civil português".

O Ministério da Justiça em Portugal orientava de forma bastante explicativa como obter a nacionalidade nessa hipótese, inclusive sobre os meios de prova da demonstração de vínculo com a comunidade nacional:

> Nasceu no estrangeiro e tem uma avó portuguesa ou um avô português?
> Estas condições só se aplicam a quem tiver nascido no estrangeiro e for neto de portugueses.
> Condições:
> Pode pedir a nacionalidade portuguesa nestas condições se:
> i. nasceu no estrangeiro
> ii. tem uma avó portuguesa ou avô português, que não tenham perdido a nacionalidade portuguesa
> iii. declarar que quer adquirir a nacionalidade portuguesa, utilizando a declaração para aquisição da nacionalidade portuguesa
> iv. inscrever o seu nascimento no registo civil português
> v. a sua ligação à comunidade portuguesa for reconhecida pelo Governo.
> A ligação à comunidade portuguesa é reconhecida se:
> a. quando fizer o pedido, já tiver residência legal em Portugal há 3 anos, estiver inscrito nas Finanças e no Sistema Nacional de Saúde e tiver frequentado a escola em Portugal ou provar ter conhecimentos da língua portuguesa
> b. quando fizer o pedido, já tiver residência legal em Portugal há 5 anos e estiver inscrito nas Finanças e no Sistema Nacional de Saúde (ou nos serviços regionais de saúde)
> O Governo analisar a sua situação e concluir que essa ligação existe porque: tem conhecimento da língua portuguesa; tem residência legal em Portugal; se desloca regularmente a Portugal; comprou ou aluga casa em Portugal há mais de 3 anos; vive ou ter uma ligação com uma comunidade histórica portuguesa no estrangeiro; nos últimos 5 anos, participou regularmente nas atividades da comunidade portuguesa do país onde vive, por exemplo, frequentando as atividades das associações culturais e recreativas portuguesas dessas comunidades[148].

[148] PORTUGAL. MINISTÉRIO DA JUSTIÇA. **Como obter nacionalidade portuguesa — Nasceu no estrangeiro e é neto de um português**. Disponível em: https://justica.gov.pt/

É importante destacar que condenação por crime que em Portugal seja punível com pena de prisão de 3 (três) anos ou mais constitui impeditivo para requerer a nacionalidade por essa via.

Com base no que foi exposto acima é possível perceber que dentre os requisitos anteriores de obtenção, o grande desafio seria a comprovação de vínculo com a comunidade portuguesa, e isso dificultava bastante para que netos de portugueses obtivessem a nacionalidade.

Ocorre que, recentemente a Lei de Nacionalidade foi alterada pela Lei Orgânica nº 2/2020[149], publicada no Diário Oficial da República em 1 de novembro, e tornou esse processo muito mais simples conforme nova redação demonstrada a seguir:

> «Artigo 1º
>
> [...] 1 — [...]
> a) [...]
> b) [...]
> c) [...]
> d) Os indivíduos com, pelo menos, um ascendente de nacionalidade portuguesa originária do 2º grau na linha reta que não tenha perdido essa nacionalidade, se declararem que querem ser portugueses e possuírem laços de efetiva ligação à comunidade nacional;
> e) [...] f) Os indivíduos nascidos no território português, filhos de estrangeiros que não se encontrem ao serviço do respetivo Estado, que não declarem não querer ser portugueses, desde que, no momento do nascimento, um dos progenitores resida legalmente no território português, ou aqui resida, independentemente do título, há pelo menos um ano;
> g) [...]
> 2 — [...]
> 3 — *A existência de laços de efetiva ligação à comunidade nacional, para os efeitos estabelecidos na alínea d) do nº 1, verifica-se pelo conhecimento suficiente da*

Como-obter-nacionalidade-portuguesa/Nasceu-no-estrangeiro-e-e-neto-de-um-portugues. Acesso em: 04/10/2020.

[149] PORTUGAL. **Lei Orgânica nº 2/2020**, de 10 de novembro. Nona alteração à Lei nº 37/81, de 3 de outubro, que aprova a Lei da Nacionalidade. Diário da República nº 219/2020, Série I de 2020-11-10, Série I. Disponível em: https://data.dre.pt/eli/lei org/2/2020/11/10/p/dre. Acesso em: 20/12/2020.

língua portuguesa e depende da não condenação a pena de prisão igual ou superior a 3 anos, com trânsito em julgado da sentença, por crime punível segundo a lei portuguesa, e da não existência de perigo ou ameaça para a segurança ou a defesa nacional, pelo envolvimento em atividades relacionadas com a prática do terrorismo, nos termos da respetiva lei.[150] (grifo nosso)

Logo, considerando essa recente alteração, os requisitos para demonstração de vínculo com a comunidade nacional podem ser comprovados apenas pelo conhecimento suficiente da língua portuguesa e a ausência de condenação penal a pena igual ou superior a 3 anos, o que facilita significativamente a aquisição da nacionalidade para brasileiros netos de portugueses.

7.1.2 *Cônjuge ou companheiro português*

É possível adquirir a nacionalidade portuguesa por meio do casamento ou união estável com nacional português, conforme dispõe a Lei de Nacionalidade Portuguesa[151] em seu art. 3º abaixo transcrito:

> Artigo 3º
>
> Aquisição em caso de casamento ou união de facto
>
> 1 — O estrangeiro casado há mais de três anos com nacional português pode adquirir a nacionalidade portuguesa mediante declaração feita na constância do matrimónio.
>
> 2 — A declaração de nulidade ou anulação do casamento não prejudica a nacionalidade adquirida pelo cônjuge que o contraiu de boa fé.
>
> 3 — O estrangeiro que, à data da declaração, viva em união de facto há mais de três anos com nacional português pode adquirir a nacionalidade portuguesa, após acção de reconhecimento dessa situação a interpor no tribunal cível

[150] PORTUGAL. **Lei Orgânica nº 2/2020**, de 10 de novembro. Nona alteração à Lei nº 37/81, de 3 de outubro, que aprova a Lei da Nacionalidade. Diário da República nº 219/2020, Série I de 2020-11-10, Série I. Disponível em: https://data.dre.pt/eli/lei org/2/2020/11/10/p/dre. Acesso em: 20/12/2020.

[151] PORTUGAL. **Lei nº 37/81. Lei de Nacionalidade.** Diário da República nº 228/1981, Série I de 1981-10-03. Versão Consolidada com alterações posteriores. Disponível em: https://dre.pt/web/guest/legislacao-consolidada/-/lc/34536975/diploma?_LegislacaoConsolidada_WAR_drefrontofficeportlet_rp=diploma&page=1. Acesso em: 04/10/2020.

O Ministério da Justiça em Portugal também orienta a respeito das condições para aquisição da nacionalidade por essa via:

> É casado ou vive em união de facto, reconhecida por um tribunal, com um português há mais de 3 anos?
> Estas condições só se aplicam a quem esteja casado ou viva em união de facto com um português há mais de 3 anos.
> Condições
> A vontade de se tornar português tem de ser declarada enquanto durar o casamento ou a união de facto.
> Para adquirir a nacionalidade portuguesa, tem de documentos que comprovem a sua ligação à comunidade portuguesa.
> Para adquirir a nacionalidade portuguesa não pode:
> i. ter sido condenado por um crime que em Portugal seja punível com pena de prisão de 3 anos ou mais
> ii. exercer cargos públicos, que não sejam apenas funções técnicas, noutro país
> iii. ter prestado serviço militar não obrigatório noutro país
> iv. estar envolvido em atividades relacionadas com terrorismo.[152]

A documentação comprobatória do casamento é a certidão de casamento apostilada caso o matrimônio tenha ocorrido no Brasil, e no caso da união estável, além de uma declaração, com menos de 3 meses em que o cidadão português confirme que vive em união estável, é preciso obter a *certidão da homologação (em Portugal) da sentença judicial reconhecendo que o(a) estrangeiro(a) coabita com nacional português em condições análogas às dos cônjuges, há mais de três anos*[153].

Além disso, há também a necessidade de comprovar efetiva ligação com a comunidade nacional, que pode ser feita por meio de: I — decla-

[152] PORTUGAL. MINISTÉRIO DA JUSTIÇA. **Como obter a nacionalidade portuguesa — É casado ou vive em união de facto com um português há mais de 3 anos**. Disponível em: https://justica.gov.pt/Como-obter-nacionalidade-portuguesa/E-casado-ou-vive-em-uniao-de-facto-com-um-portugues-ha-mais-de-3-anos#Documentos%20necess%C3%A1rios. Acesso em: 04/10/2020.

[153] PORTUGAL. CONSULADO GERAL DE PORTUGAL EM SÃO PAULO. **Requerimento de nacionalidade portuguesa por União Estável (União de Fato).** Disponível em: https://consuladoportugalsp.org.br/requerimento-de-nacionalidade-portuguesa-por-uniao-de-facto/. Acesso em 04/10/2020.

ração dos empregadores ou da Segurança Social Portuguesa; II — boletins dos filhos nascidos ou registrados em Portugal; III — declaração de imposto sobre os rendimentos; IV — contas de consumo que comprovem residência em Portugal; V — deslocamento regular a Portugal; VI — imóvel próprio ou alugado em Portugal há mais de 3 anos; VII — residência ou ligação a uma comunidade histórica portuguesa no estrangeiro; VIII — participação regular ao longo dos cinco anos anteriores a data do pedido na vida cultural da comunidade portuguesa do país onde resida e nas atividades das associações culturais e recreativas portuguesas dessas comunidades.

No entanto, a Lei Orgânica nº 2/2020 de novembro de 2020 também trouxe algumas alterações nesse sentido. O art. 9º foi alterado nos seguintes dispositivos:

> Artigo 9º [...]
>
> 1 — [...]
>
> a) [...]
>
> b) A condenação, com trânsito em julgado da sentença, com pena de prisão igual ou superior a 3 anos, por crime punível segundo a lei portuguesa;
>
> c) [...]
>
> d) [...]
>
> 2 — [...]
>
> 3 — A oposição à aquisição de nacionalidade com fundamento na alínea a) do nº 1 também não se aplica às situações de aquisição de nacionalidade quando o casamento ou a união de facto decorra há pelo menos seis anos.
>
> 4 — À prova da inexistência de condenação referida na alínea b) do nº 1 é aplicável o disposto no nº 11 do artigo 6º

Com a redação completa, tem-se o seguinte texto:

> Artigo 9º
>
> Fundamentos
>
> 1 — Constituem fundamento de oposição à aquisição da nacionalidade portuguesa por efeito da vontade:
>
> a) *A inexistência de ligação efetiva à comunidade nacional*;

b) A condenação, com trânsito em julgado da sentença, com pena de prisão igual ou superior a 3 anos, por crime punível segundo a lei portuguesa;
c) O exercício de funções públicas sem caráter predominantemente técnico ou a prestação de serviço militar não obrigatório a Estado estrangeiro;
d) A existência de perigo ou ameaça para a segurança ou a defesa nacional, pelo seu envolvimento em atividades relacionadas com a prática do terrorismo, nos termos da respetiva lei.
2 — *A oposição à aquisição de nacionalidade com fundamento na alínea a) do número anterior não se aplica às situações de aquisição de nacionalidade em caso de casamento ou união de facto quando existam filhos comuns do casal com nacionalidade portuguesa.*
3 — *A oposição à aquisição de nacionalidade com fundamento na alínea a) do nº 1 também não se aplica às situações de aquisição de nacionalidade quando o casamento ou a união de facto decorra há pelo menos seis anos.*
4 — À prova da inexistência de condenação referida na alínea b) do nº 1 é aplicável o disposto no nº 11 do artigo 6º[154] (grifo nosso)

Assim, é possível perceber uma flexibilização na comprovação de vínculos quando existem filhos ou quando o casamento ou união estável possui mais de seis anos de duração, de acordo com os seguintes cenários:

i. Casamento ou união estável por mais de três anos, sem filhos — há necessidade de comprovação de vínculo com a comunidade nacional;
ii. Casamento ou união estável por mais de três anos, com filhos — não há necessidade de comprovação de vínculo com a comunidade nacional;
iii. Casamento ou união estável por mais de 6 anos, sem filhos — não há necessidade de comprovação de vínculo com a comunidade nacional.

[154] PORTUGAL. **Lei Orgânica nº 2/2020**, de 10 de novembro. Nona alteração à Lei nº 37/81, de 3 de outubro, que aprova a Lei da Nacionalidade. Diário da República nº 219/2020, Série I de 2020-11-10, Série I. Disponível em: https://data.dre.pt/eli/lei org/2/2020/11/10/p/dre. Acesso em: 20/12/2020.

7.1.3 *Judeus Sefarditas*[155]

Poucos brasileiros sabem que inúmeros judeus imigraram para o Brasil durante o período colonial para fugir da perseguição religiosa da Inquisição Espanhola e Portuguesa, ou devido à condenação por "práticas de judaísmo" que eram consideradas heresia e com penas que variavam desde "degredo ao Brasil" à perecer nas chamas das fogueiras da Inquisição.

Assim, como medida de reparação às atrocidades cometidas no passado, o Decreto-Lei nº 30-A/2015[156] alterou a Lei de Nacionalidade Portuguesa para permitir a aquisição de nacionalidade por naturalização a todos aqueles que comprovem possuir ascendência sefardita.

> Aquisição da nacionalidade por naturalização
>
> Artigo 6º
>
> (Requisitos)
>
> 1 — O Governo concede a nacionalidade portuguesa, por naturalização, aos estrangeiros que satisfaçam cumulativamente os seguintes requisitos:
>
> a) Serem maiores ou emancipados à face da lei portuguesa;
>
> b) Residirem legalmente no território português há pelo menos cinco anos;
>
> c) Conhecerem suficientemente a língua portuguesa;
>
> d) Não tenham sido condenados, com trânsito em julgado da sentença, com pena de prisão igual ou superior a 3 anos;

155 PORTUGAL. COMUNIDADE ISRAELITA DE LISBOA (CIL). A designação de "Judeus Sefarditas" refere-se aos descendentes dos antigos judeus e às comunidades judaicas tradicionais da Península Ibérica (Sefarad ou Hispânia), ou seja, Portugal e Espanha. Disponível em: https://cilisboa.org/concess%C3%A3o-da-nacionalidade-portuguesa/. Acesso em 04/10/2020.

156 PORTUGAL. MINISTÉRIO DA JUSTIÇA. **Decreto-Lei nº 30-A/2015 de 27 de fevereiro**. Procede à segunda alteração ao Regulamento da Nacionalidade Portuguesa, aprovado pelo Decreto-Lei nº 237 -A/2006, de 14 de dezembro, alterado pelo Decreto-Lei nº 43/2013, de 1 de abril, permitindo a concessão da nacionalidade portuguesa, por naturalização, a descendentes de judeus sefarditas. Diário da República, 1ª série — Nº 41 — 27 de fevereiro de 2015. Disponível em: https://dre.pt/application/conteudo/66619927. Acesso em: 04/10/2020.

e) Não constituam perigo ou ameaça para a segurança ou a defesa nacional, pelo seu envolvimento em atividades relacionadas com a prática do terrorismo, nos termos da respetiva lei.

[...]

7 — *O Governo pode conceder a nacionalidade por naturalização, com dispensa dos requisitos previstos nas alíneas b) e c) do nº 1, aos descendentes de judeus sefarditas portugueses, através da demonstração da tradição de pertença a uma comunidade sefardita de origem portuguesa, com base em requisitos objetivos comprovados de ligação a Portugal, designadamente apelidos, idioma familiar, descendência direta ou colateral.* [...] (grifo nosso)

A princípio, pode parecer impossível retroagir tanto tempo no passado, doze, quinze gerações ou mais, encontrando os devidos registros. Porém, existem muitas obras raras e consagradas de genealogia no Brasil e em Portugal, que possuem diversas famílias mapeadas até ramificações genealógicas muito antigas que evidenciam a ascendência judaico-sefardita. Além disso, é possível contar com plataformas de consulta na internet como o *Family Search*[157], inúmeros registros preservados no Arquivo Nacional da Torre do Tombo[158] e em de diversas outras fontes que tornam possível reunir o conjunto probatório necessário para a obtenção da nacionalidade, que independe da religião atual do descendente, até porque, devido à conversão forçada ao cristianismo, originando a denominação cristãos-novos, a manutenção da fé judaica era algo impossível por questões de sobrevivência.

Como se trata de admirável medida de reparação histórica, não há limite de gerações anteriores, desde que seja possível documentar a ascendência; também não é exigida comprovação de vínculo com a comunidade portuguesa, ou mesmo conhecimento no idioma nem residência em Portugal, o que possibilita que nacionais de diversos países consigam

[157] FAMILY SEARCH. Organização da história da família sem fins lucrativos. Disponível em: https://www.familysearch.org/pt/. Acesso em: 04/10/2020.

[158] PORTUGAL. ARQUIVO NACIONAL DA TORRE DO TOMBO. O Arquivo Nacional da Torre do Tombo custodia um universo diversificado de património arquivístico, incluindo documentos originais desde o séc. IX até aos dias de hoje, nos mais variados tipos de suporte, cumprindo a sua principal missão de salvaguarda, valorização e divulgação desse património. Disponível em: http://antt.dglab.gov.pt/pesquisar-na-torre-do-tombo/. Acesso em: 04/10/2020.

obter a nacionalidade portuguesa pela via sefardita sem precisar sequer ir a Portugal, pois o processo é feito de forma online.

Ainda em 2020 existiu uma forte deliberação no Legislativo com o intuito de estabelecer alguns critérios de vinculação, a exemplo do que ocorria com os netos de portugueses, cogitou-se inclusive exigir além do idioma, também a residência por um período mínimo de dois anos em Portugal, com a justificativa de que houve uma "mercantilização" do direito à nacionalidade pela via sefardita, ferindo assim o propósito da norma.

Contudo, as medidas de endurecimento dos critérios não encontraram respaldo principalmente das Comunidades Judaicas de Lisboa e do Porto, pois dificultam o caráter de reparação, tão importante para, em certa medida, tentar atenuar os danos causados pela perseguição religiosa sofrida no passado e que mudaram o destino das famílias judias e seus descendentes para sempre, com o afastamento das raízes e perda da identidade cultural.

Como resultado de toda essa movimentação, o texto final da Lei Orgânica nº 2/2020 de novembro de 2020, aprovado e sancionado não menciona de forma expressa qualquer modalidade de vinculação, mas atribui que por meio de alteração no Regulamento da Nacionalidade Portuguesa seja garantido, no momento do pedido, o cumprimento de requisitos objetivos comprovados de ligação a Portugal.

> Artigo 3º
>
> Regulamentação
>
> 1 — O Governo procede às necessárias alterações do Regulamento da Nacionalidade Portuguesa, aprovado pelo Decreto-Lei nº 237-A/2006, de 14 de dezembro, *no prazo de 90 dias a contar da publicação da presente lei.*
>
> 2 — *No prazo previsto no número anterior, o Governo procede à alteração do artigo 24º-A do Regulamento da Nacionalidade Portuguesa, aprovado pelo Decreto-Lei nº 237-A/2006, de 14 de dezembro, que regulamenta o disposto no nº 7 do artigo 6º da Lei nº 37/81, de 3 de outubro, para garantir, no momento do pedido, o cumprimento efetivo de requisitos objetivos comprovados de ligação a Portugal*[159]. (grifo nosso).

[159] PORTUGAL. **Lei Orgânica nº 2/2020**, de 10 de novembro. Nona alteração à Lei nº 37/81, de 3 de outubro, que aprova a Lei da Nacionalidade. Diário da República

O artigo 24º-A do Regulamento da Nacionalidade Portuguesa mencionado acima, que será objeto de alteração possui atualmente a seguinte redação:

Artigo 24º-A
Naturalização de estrangeiros que sejam descendentes de judeus sefarditas portugueses

1 — O Governo pode conceder a nacionalidade portuguesa, por naturalização, aos descendentes de judeus sefarditas, quando satisfaçam os seguintes requisitos:

a) Sejam maiores ou emancipados à face da lei portuguesa;

b) Não tenham sido condenados, com trânsito em julgado da sentença, pela prática de crime punível com pena de prisão de máximo igual ou superior a três anos, segundo a lei portuguesa.

c) Não constituam perigo ou ameaça para a segurança ou a defesa nacional, pelo seu envolvimento em atividades relacionadas com a prática do terrorismo, nos termos da respetiva lei.

2 — No requerimento a apresentar pelo interessado são indicadas e demonstradas as circunstâncias que determinam a tradição de pertença a uma comunidade sefardita de origem portuguesa, designadamente, apelidos de família, idioma familiar, descendência direta ou relação familiar na linha colateral de progenitor comum a partir da comunidade sefardita de origem portuguesa.

3 — O requerimento é instruído com os seguintes documentos, sem prejuízo da dispensa da sua apresentação pelo interessado nos termos do artigo 37º:

a) Certidão do registo de nascimento;

b) Certificados do registo criminal emitidos pelos serviços competentes portugueses, do país da naturalidade e da nacionalidade, bem como dos países onde tenha tido e tenha residência, os quais devem ser autenticados, quando emitidos por autoridades estrangeiras;

c) Certificado de comunidade judaica com estatuto de pessoa coletiva religiosa, radicada em Portugal, nos termos da lei, à data de entrada em vigor do presente artigo, que ateste a tradição de pertença a uma comu-

nº 219/2020, Série I de 2020-11-10, Série I. Disponível em: https://data.dre.pt/eli/lei org/2/2020/11/10/p/dre. Acesso em: 20/12/2020.

nidade sefardita de origem portuguesa, materializada, designadamente, no apelido do requerente, no idioma familiar, na genealogia e na memória familiar.

4 — O certificado referido na alínea c) do número anterior deve conter o nome completo, a data de nascimento, a naturalidade, a filiação, a nacionalidade e a residência do requerente, bem como a indicação da descendência direta ou relação familiar na linha colateral de progenitor comum a partir da comunidade sefardita de origem portuguesa, acompanhado de todos os elementos de prova.

5 — Na falta do certificado referido na alínea c) do nº 3, e para demonstração da descendência direta ou relação familiar na linha colateral de progenitor comum a partir da comunidade sefardita de origem portuguesa e tradição de pertença a uma comunidade sefardita de origem portuguesa, são admitidos os seguintes meios de prova:

a) Documento autenticado, emitido pela comunidade judaica a que o requerente pertença, que ateste o uso pelo mesmo de expressões em português em ritos judaicos ou, como língua falada por si no seio dessa comunidade, do ladino;

b) Registos documentais autenticados, tais como registos de sinagogas e cemitérios judaicos, bem como títulos de residência, títulos de propriedade, testamentos e outros comprovativos da ligação familiar do requerente, por via de descendência direta ou relação familiar na linha colateral de progenitor comum a partir da comunidade sefardita de origem portuguesa.

6 — Em caso de dúvida sobre a autenticidade do conteúdo dos documentos emitidos no estrangeiro, o membro do Governo responsável pela área da justiça pode solicitar, à comunidade judaica a que se refere a alínea c) do nº 3, parecer sobre os meios de prova apresentados ao abrigo do disposto no número anterior.[160]

[160] PORTUGAL. **DECRETO LEI nº 237-A/2006, de 14 de Dezembro. Regulamento da Nacionalidade Portuguesa.** Aprova o Regulamento da Nacionalidade Portuguesa e introduz alterações no Regulamento Emolumentar dos Registos e Notariado, aprovado pelo Decreto-Lei nº 322-A/2001, de 14 de Dezembro. Com as seguintes alterações: Contém as seguintes alterações: DL nº 43/2013, de 01 de Abril; DL nº 30-A/2015, de 27 de Fevereiro, e; DL nº 71/2017, de 21 de Junho.

A vigência da Lei Orgânica nº 2/2020 está prevista no artigo 5º da referida Lei, como iniciada no dia seguinte ao da sua publicação, a qual ocorreu no Diário da República de 10 de novembro de 2020 e o regulamento estava previsto para ser editado em até 90 dias contados a partir dessa publicação, mas permanece inalterado até o momento.

> Artigo 5º
>
> Entrada em vigor
>
> A presente lei entra em vigor no dia seguinte ao da sua publicação.
>
> Aprovada em 2 de outubro de 2020.
>
> O Presidente da Assembleia da República, Eduardo Ferro Rodrigues.
>
> Promulgada em 31 de outubro de 2020.
>
> Publique -se.
>
> O Presidente da República, Marcelo Rebelo de Sousa.
>
> Referendada em 3 de novembro de 2020.
>
> O Primeiro-Ministro, António Luís Santos da Costa

Somente após publicada a alteração do Regulamento será possível ter mais clareza a respeito de quais critérios objetivos serão utilizados para demonstração de vínculo, se apenas o idioma e a ausência de condenação penal será suficiente ou serão exigidos outros elementos.

7.1.4 *D7- Aposentados ou Titulares de Rendimentos*

Visto de residência concedido para aqueles que demonstrem possuir meios de subsistência para viver em Portugal por meio de documentação comprobatória demonstrando rendimentos[161] assegurados por um período não inferior a 12 meses, declaração de imposto de renda, dentre outros requisitos.

O Consulado Geral de Portugal em São Paulo disponibiliza em seu sítio informações relevantes a respeito dessa modalidade de visto, tais como: a quem se aplica, como a solicitação pode ser efetuada, qual a documentação necessária, etc.

[161] O salário mínimo em Portugal é de aproximadamente EUR 700.00 (setecentos euros), totalizando EUR 8,400.00 por ano, convertidos em reais, R$ 50.258,88 (Conversor Bacen 09.07.2020). Essa é renda mínima a ser comprovada para obtenção do visto.

Visto de residência para aposentados ou titulares de rendimentos — D7
A quem se aplica esse tipo de visto?
A aposentados ou titulares de rendimentos próprios que pretendam residir em Portugal. Estes poderão usufruir do estatuto de residentes não habituais e, assim, serem isentos de tributação relativa a esses rendimentos ou pensões obtidos fora de Portugal, desde que já tenham sido tributados em seu país de origem.
Como solicitar o visto de residência para aposentados ou titulares de rendimentos?
O pedido de visto de residência para aposentados ou titulares de rendimentos (bens móveis ou imóveis, da propriedade intelectual ou de aplicações financeiras) deve ser instruído com os seguintes documentos:
I — Declaração assinada pelo requerente, especificando o motivo do pedido de visto, o período que pretende permanecer em Portugal, o local de alojamento e indicação de referências em Portugal (nome, endereço e telefone de familiares e/ou amigos), se for o caso;
II — Comprovante de rendimentos que possibilitem a residência em território nacional, assegurados por período não inferior a 12 meses, cuja prova deve ser feita pelos seguintes meios: a) no caso de cidadão estrangeiro aposentado, através de documento comprovativo da aposentadoria, bem como da garantia do seu recebimento ou disponibilidade de outros rendimentos em Portugal; b) em ambos os casos, apresentar a cópia da última declaração de imposto de renda, comprovando os bens móveis ou imóveis que possui, bem como da disponibilidade desses recursos em Portugal;
III — Comprovativo de alojamento em Portugal.
IV — Seguro médico internacional de viagem, válido pelo período que vai permanecer em Portugal.
V — Atestado de antecedentes criminais;
VI — Duas fotografias 3×4 coloridas e recentes;
VII — Passaporte
VIII — Autorização destinada ao Serviço de Estrangeiros e Fronteiras para consulta ao registo criminal português do requerente, exceto para menores de 16 anos
IX — Declaração de ciência do fato de não dever viajar a Portugal sem o devido visto; [...][162]

[162] PORTUGAL. CONSULADO GERAL DE PORTUGAL EM SÃO PAULO. **Visto de residência para aposentados ou titulares de rendimentos — D7.** Disponível em: https://

7.1.5 *Start up Visa*

Visto condicionado ao desenvolvimento de projeto de empreendedorismo voltado à tecnologia e/ou inovação na produção de bens e serviços numa perspectiva de escala internacional.[163]

A idade mínima para inscrição no programa é de 18 anos e não existe idade limite. O Despacho Normativo nº 4 de 2018 esclarece o propósito de criação dessa modalidade de visto:

> Despacho Normativo nº 4/2018
>
> Apoiar e promover o empreendedorismo é uma prioridade do XXI Governo Constitucional, estratégica para o crescimento económico e para o emprego, no quadro da captação do investimento, designadamente estrangeiro, do estímulo a projetos empreendedores capazes de potenciar a dinâmica na criação de empresas, em particular startups, com novas ideias e modelos de negócio, e ao mesmo tempo atrair profissionais altamente qualificados, em tudo contribuindo para afirmar sustentadamente um perfil de especialização e internacionalização na economia portuguesa. Na promoção e desenvolvimento do ecossistema económico português, a Portaria nº 344/2017, de 13 de novembro, regula o papel das entidades incubadoras no acolhimento, enquadramento e apoio a imigrantes empreendedores e seus projetos empresariais, cabendo ao IAPMEI, Agência para a Competitividade e Inovação, I. P., a responsabilidade da certificação das incubadoras aptas, designadamente de acordo com critérios técnicos, administrativos e financeiros, a receber estrangeiros empreendedores que pretendam desenvolver um projeto de empreendedorismo e/ou inovação em Portugal. Neste contexto, o presente despacho normativo vem justamente regulamentar o procedimento, a tramitar eletronicamente, do designado programa «Startup Visa», previsto na referida portaria, o qual consiste no acolhimento de imigrantes que pretendam empreender e inovar em Portugal, com vista à concessão dos respetivos visto de residência ou autorização de residência, ainda que não tenham constituído empresa em território nacional

consuladoportugalsp.org.br/visto-de-residencia-para-aposentados-ou-titulares-de-rendimentos/. Acesso em 04/10/2020.

[163] PORTUGAL. INSTITUTO DE APOIO ÀS PEQUENAS E MÈDIAS EMPRESAS E À INOVACÃO — IAPMEI. **Start Up Visa**. Disponível em: https://www.iapmei.pt/Paginas/StartUP-Visa-pt.aspx. Acesso em 09/07/2020.

> ou que, já tendo empresa criada no país de origem, queiram implantar-se no nosso país. Os empreendedores que se candidatam ao «Startup Visa», elegíveis nos termos da lei para efeitos de concessão de visto de residência ou autorização de residência, devem celebrar um contrato de incubação com uma incubadora certificada nos termos da Portaria nº 344/2017, de 13 de novembro, desde que preencham, cumpram e comprovem previamente um determinado número de pressupostos e requisitos, submetidos à validação e acompanhamento do IAPMEI, I. P., quanto à sua realidade administrativa, financeira e ao seu potencial empreendedor, aquando da candidatura e durante o programa contratual. [...][164]

Outro aspecto interessante é que essa modalidade de visto é destinada tanto a empreendedores que pretendam desenvolver o seu projeto em Portugal, tanto para aqueles já tenham projetos em andamento em seu país de origem, no caso o Brasil, conforme consta no dispositivo abaixo:

> Artigo 2º
> Âmbito
>
> O Startup Visa é um programa de acolhimento de estrangeiros empreendedores que pretendam desenvolver um projeto de empreendedorismo e/ou inovação em Portugal, com vista à concessão de visto de residência ou autorização de residência para imigrantes empreendedores, e é aplicável a: a) Empreendedores que pretendam desenvolver o seu projeto empreendedor e/ou inovador em Portugal, ainda que não tenham constituído empresa; b) Empreendedores que já detenham projetos empresariais nos países de origem e que pretendam exercer a sua atividade em Portugal[165].

[164] PORTUGAL. **Despacho Normativo nº 4/2018. Diário da República**, 2ª série — Nº 24 — 2 de fevereiro de 2018. Disponível em: https://www.iapmei.pt/getattachment/Paginas/StartUP-Visa-pt/StartUP-Visa_Despacho-Normativo_4_2018-pdf.pdf.aspx?lang=pt-PT. Acesso em: 04/10/2020.

[165] PORTUGAL. **Despacho Normativo nº 4/2018**. Diário da República, 2ª série — Nº 24 — 2 de fevereiro de 2018. Disponível em: https://www.iapmei.pt/getattachment/Paginas/StartUP-Visa-pt/StartUP-Visa_Despacho-Normativo_4_2018-pdf.pdf.aspx?lang=pt-PT. Acesso em: 04/10/2020.

Os requisitos para elegibilidade estão previstos no art. 5º, abaixo descrito:

Artigo 5º
Requisitos de elegibilidade

1 — Pode candidatar -se ao programa qualquer empreendedor, individualmente ou em conjunto, que se integre no âmbito previsto no artigo 2º, desde que cumpridos os seguintes requisitos:

a) Não ter residência permanente no Espaço Schengen;

b) Ter a situação contributiva regularizada perante a Administração fiscal e segurança social, quando aplicável;

c) Não possuir antecedentes criminais;

d) Ter idade não inferior a 18 anos;

e) Possuir meios financeiros próprios e de subsistência equivalentes a 12 vezes o Indexante dos Apoios Sociais (IAS), comprovados através de documento bancário.

2 — Os candidatos terão ainda de demonstrar que:

a) Têm interesse efetivo em desenvolver em Portugal um projeto empreendedor, nomeadamente através da criação de empresa de base inovadora;

b) Pretendem desenvolver atividades de produção de bens e serviços internacionalizáveis;

c) Os seus projetos e/ou empresas se focam em tecnologia e conhecimento, com perspectivas de desenvolvimento de produtos inovadores;

d) Existe interesse, de uma ou mais incubadoras certificadas, em incubar fisicamente o projeto empreendedor, nos termos do programa;

e) Têm potencial para a criação de emprego qualificado, para além dos empreendedores incluídos na candidatura ao programa;

f) Têm potencial para atingir até, 5 anos após início da vigência do contrato de incubação, um volume de negócios superior a 325.000€/ano e/ou um valor de ativos superior a 325.000€;

g) Têm capacidade para constituir empresa, quando aplicável, durante a vigência do programa;

h) O contributo individual de cada candidato é essencial ao desenvolvimento do projeto empreendedor.

3 — Para efeitos do disposto na alínea b) do artigo 2º, os candidatos devem demonstrar que:

a) Pertencem a empresa em fase de arranque criada há menos de 4 anos, no país de origem;
b) Desenvolverão atividade em território nacional;
c) Têm potencial para criar pelo menos 5 postos de trabalho, excluindo o número de empreendedores do projeto, no prazo de 24 meses;
d) Possuem funções executivas na empresa e/ou uma participação de capital no ato de constituição ou direito de voto, correspondente a pelo menos 10% do capital social;
e) As contas oficiais da empresa do ano fiscal anterior ao da candidatura apresentam uma situação líquida positiva.
4 — O cumprimento dos requisitos previstos no presente artigo é exigido no momento da apresentação da candidatura, devendo manter-se, quando aplicável, durante todo o período de vigência do programa.
5 — É elegível para o programa um número máximo de 5 empreendedores por candidatura. *(grifo nosso)*

7.1.6 *Autorização de Residência para Investimento (Golden Visa)*

Em 2012 Portugal vivia sua maior recessão em 40 anos, e, considerando apenas o intervalo entre 2011 e 2013, a economia portuguesa caiu cerca de 7,6%[166]. Foi nesse contexto econômico que foi criado o Golden Visa que é uma autorização de residência condicionada à realização de investimentos, desde que observados requisitos específicos constantes no Artigo 3º da Lei nº 23/2007, de 04 de julho, os quais são:

Artigo 3º
Definições

1 — Para efeitos da presente lei considera-se:
a) [...]
b) [...]
c) [...]
d) [...]
d) «Atividade de investimento» qualquer atividade exercida pessoalmente ou através de uma sociedade que conduza, em regra, à concreti-

[166] OBSERVADOR. **Portugal teve maior recessão em 40 anos em 2012**. Disponível em: https://observador.pt/2015/03/26/portugal-teve-maior-em-recessao-em-40-anos-em-2012/#:~:text=Em%20tr%C3%AAs%20anos%20de%20recess%C3%A3o,cerca%20de%206%2C6%25. Acesso: 09/07/2020.

zação de, pelo menos, uma das seguintes situações em território nacional e por um período mínimo de cinco anos:

i) Transferência de capitais no montante igual ou superior a 1 milhão de euros;

ii) Criação de, pelo menos, 10 postos de trabalho;

iii) Aquisição de bens imóveis de valor igual ou superior a (euro) 500 000;

iv) Aquisição de bens imóveis, cuja construção tenha sido concluída há, pelo menos, 30 anos ou localizados em área de reabilitação urbana e realização de obras de reabilitação dos bens imóveis adquiridos, no montante global igual ou superior a (euro) 350 000;

v) Transferência de capitais no montante igual ou superior a (euro) 350 000, que seja aplicado em atividades de investigação desenvolvidas por instituições públicas ou privadas de investigação científica, integradas no sistema científico e tecnológico nacional;

vi) Transferência de capitais no montante igual ou superior a (euro) 250 000 euros, que seja aplicado em investimento ou apoio à produção artística, recuperação ou manutenção do património cultural nacional, através de serviços da administração direta central e periférica, institutos públicos, entidades que integram o setor público empresarial, fundações públicas, fundações privadas com estatuto de utilidade pública, entidades intermunicipais, entidades que integram o setor empresarial local, entidades associativas municipais e associações públicas culturais, que prossigam atribuições na área da produção artística, recuperação ou manutenção do património cultural nacional;

vii) Transferência de capitais no montante igual ou superior a (euro) 350 000, destinados à aquisição de unidades de participação em fundos de investimento ou fundos de capitais de risco vocacionados para a capitalização de empresas, que sejam constituídos ao abrigo da legislação portuguesa, cuja maturidade, no momento do investimento, seja de, pelo menos, cinco anos e, pelo menos, 60 /prct. do valor dos investimentos seja concretizado em sociedades comerciais sediadas em território nacional;

viii) Transferência de capitais no montante igual ou superior a (euro) 350 000, destinados à constituição de uma sociedade comercial com sede em território nacional, conjugada com a criação de cinco postos de trabalho permanentes, ou para reforço de capital social de uma sociedade comercial com sede em território nacional, já constituída, com a criação ou manutenção de postos de trabalho, com um mínimo de cinco permanentes, e por um período mínimo de três anos.

No entanto, com a promulgação do Decreto-Lei nº 14/2021, de 12 de fevereiro de 2021, os requisitos de investimento para concessão da autorização de residência foram revistos, com o propósito de diminuir as disparidades regionais por meio da promoção do desenvolvimento dos territórios do interior e Regiões Autônomas dos Açores e da Madeira, e incentivar a geração de empregos e valorização do patrimônio cultural.

> Nessa sequência, a Lei nº 2/2020, de 31 de março, na sua redação atual, que aprova o Orçamento do Estado para 2020, veio autorizar o Governo a rever este regime, definindo que o sentido e a extensão dessa autorização consiste em favorecer a promoção do investimento nos territórios do interior, bem como o investimento na requalificação urbana, no património cultural, nas atividades de alto valor ambiental ou social, no investimento produtivo e na criação de emprego restringindo ao território das comunidades intermunicipais do interior e das Regiões Autónomas dos Açores e da Madeira os investimentos previstos nas subalíneas iii) e iv) da alínea d) do nº 1 do artigo 3º da Lei nº 23/2007, de 4 de julho, na sua redação atual, e aumentando o valor mínimo dos investimentos e do número de postos de trabalho a criar, nos termos da alínea d) do nº 1 do artigo 3º da mesma lei.[167]

Por esse motivo, a partir de 01 de janeiro de 2022 as mudanças passam a vigorar, com a majoração dos valores mínimos em algumas modalidades e a imposição de limitação geográfica para que apenas imóveis localizados no interior do país e nos Territórios Autônomos sejam elegíveis para adesão ao programa. Os dispositivos alterados possuem a seguinte redação:

Artigo 3º

[...]

[167] PORTUGAL. **Decreto-Lei nº 14/2021, de 12 de fevereiro.** Altera o regime jurídico de entrada, permanência, saída e afastamento de estrangeiros do território nacional. Diário da República nº 30/2021, Série I de 2021-02-12, Páginas 21 a 24. Disponível em: https://data.dre.pt/eli/dec-lei/14/2021/02/12/p/dre. Acesso em: 26/09/2021.

> 1 — [...]
> a) [...]
> b) [...]
> c) [...]
> d) [...]
> i) Transferência de capitais no montante igual ou superior a *1,5 milhões de euros;*
> ii) [...]
> iii) [...]
> iv) [...]
> v) Transferência de capitais no montante igual ou superior a € *500 000,* que seja aplicado em atividades de investigação desenvolvidas por instituições públicas ou privadas de investigação científica, integradas no sistema científico e tecnológico nacional;
> vi) [...]
> vii) Transferência de capitais no montante igual ou superior a € *500 000,* destinados à aquisição de unidades de participação em fundos de investimento ou fundos de capitais de risco vocacionados para a capitalização de empresas, que sejam constituídos ao abrigo da legislação portuguesa, cuja maturidade, no momento do investimento, seja de, pelo menos, cinco anos e, pelo menos, 60% do valor dos investimentos seja concretizado em sociedades comerciais sediadas em território nacional;
> viii) Transferência de capitais no montante igual ou superior a € *500 000,* destinados à constituição de uma sociedade comercial com sede em território nacional, conjugada com a criação de cinco postos de trabalho permanentes, ou para reforço de capital social de uma sociedade comercial com sede em território nacional, já constituída, com a criação ou manutenção de postos de trabalho, com um mínimo de cinco permanentes, e por um período mínimo de três anos;
> [...]
> 4 — Os imóveis adquiridos nos termos previstos nas subalíneas iii) e iv) da alínea d) do nº 1 que se destinem a habitação, *apenas permitem o acesso ao presente regime caso se situem nas Regiões Autónomas dos Açores e da Madeira ou nos territórios do interior,* identificados no anexo à Portaria nº 208/2017, de 13 de julho. (grifo nosso)

Para facilitar a visualização das alterações, segue quadro comparativo:

Redação vigente até 31.12.2021	Alterações vigentes a partir de 01.01.2022
Transferência de capitais no montante igual ou superior a **1 milhão de euros.**	Transferência de capitais no montante igual ou superior a **1,5 milhões de euros.**
Criação de, pelo menos, 10 postos de trabalho;	Sem alteração
Aquisição de bens imóveis de valor igual ou superior a (euro) 500,000.	**O valor permanece inalterado, mas foi inserida uma limitação geográfica para determinar quais regiões são elegíveis para concessão do Golden Visa**. Regiões supervalorizadas como Lisboa e Porto deixam de ser contempladas com essa modalidade de investimento. " Os imóveis adquiridos que se destinem a habitação, apenas permitem o acesso ao presente regime caso se situem nas Regiões Autónomas dos Açores e da Madeira ou nos territórios do interior."
Aquisição de bens imóveis, cuja construção tenha sido concluída há, pelo menos, 30 anos ou localizados em área de reabilitação urbana e realização de obras de reabilitação dos bens imóveis adquiridos, no montante global igual ou superior a (euro) 350,000.	**O valor permanece inalterado, mas foi inserida uma limitação geográfica para determinar quais regiões são elegíveis para concessão do Golden Visa.** Regiões supervalorizadas como Lisboa e Porto deixam de ser contempladas com essa modalidade de investimento. "Os imóveis adquiridos que se destinem a habitação, apenas permitem o acesso ao presente regime caso se situem nas Regiões Autónomas dos Açores e da Madeira ou nos territórios do interior."
Transferência de capitais no montante igual ou superior a (euro) **350,000**, que seja aplicado em atividades de investigação desenvolvidas por instituições públicas ou privadas de investigação científica, integradas no sistema científico e tecnológico nacional.	Transferência de capitais no montante igual ou superior a **€ 500,000**, que seja aplicado em atividades de investigação desenvolvidas por instituições públicas ou privadas de investigação científica, integradas no sistema científico e tecnológico nacional.

Transferência de capitais no montante igual ou superior a (euro) 250 000 euros, que seja aplicado em investimento ou apoio à produção artística, recuperação ou manutenção do património cultural nacional, através de serviços da administração direta central e periférica, institutos públicos, entidades que integram o setor público empresarial, fundações públicas, fundações privadas com estatuto de utilidade pública, entidades intermunicipais, entidades que integram o setor empresarial local, entidades associativas municipais e associações públicas culturais, que prossigam atribuições na área da produção artística, recuperação ou manutenção do património cultural nacional.	Sem alteração.
Transferência de capitais no montante igual ou superior a (euro) **350,000**, destinados à aquisição de unidades de participação em fundos de investimento ou fundos de capitais de risco vocacionados para a capitalização de empresas, que sejam constituídos ao abrigo da legislação portuguesa, cuja maturidade, no momento do investimento, seja de, pelo menos, cinco anos e, pelo menos, 60 /prct. do valor dos investimentos seja concretizado em sociedades comerciais sediadas em território nacional;	Transferência de capitais no montante igual ou superior a **€ 500 000**, destinados à aquisição de unidades de participação em fundos de investimento ou fundos de capitais de risco vocacionados para a capitalização de empresas, que sejam constituídos ao abrigo da legislação portuguesa, cuja maturidade, no momento do investimento, seja de, pelo menos, cinco anos e, pelo menos, 60% do valor dos investimentos seja concretizado em sociedades comerciais sediadas em território nacional
Transferência de capitais no montante igual ou superior a (euro) **350,000**, destinados à constituição de uma sociedade comercial com sede em território nacional, conjugada com a criação de cinco postos de trabalho permanentes, ou para reforço de capital social de uma sociedade comercial com sede em território nacional, já constituída, com a criação ou manutenção de postos de trabalho, com um mínimo de cinco permanentes, e por um período mínimo de três anos.	Transferência de capitais no montante igual ou superior a **€ 500,000**, destinados à constituição de uma sociedade comercial com sede em território nacional, conjugada com a criação de cinco postos de trabalho permanentes, ou para reforço de capital social de uma sociedade comercial com sede em território nacional, já constituída, com a criação ou manutenção de postos de trabalho, com um mínimo de cinco permanentes, e por um período mínimo de três anos.

Embora existam várias opções para a realização do investimento, as mais comumente utilizadas até o momento, e que apresentam um maior número de aplicantes, foram a aquisição de imóvel no valor de 500 mil euros ou transferência e manutenção de recursos em Portugal em um montante igual ou superior a 1 milhão de euros, tal como evidenciado na ilustração a seguir, divulgada pelo Serviço de Estrangeiros e Fronteiras em Portugal, que compreende o acumulado no período de outubro de 2012 a agosto de 2021.[168]

Após janeiro de 2022, com a limitação geográfica imposta aos investimentos imobiliários e a majoração do montante para transferência de capitais de 1 milhão para 1,5 milhão de euros, é possível que haja uma alteração no padrão de adesão ao programa.

[168] PORTUGAL. SERVIÇO DE ESTRANGEIROS E FRONTEIRAS (SEF). ARI — **Autorização de Residência para Atividade de Investimento**. Disponível em: https://www.sef.pt/pt/pages/conteudo-detalhe.aspx?nID=62. Acesso em: 04/10/2020.

Fonte: Estatísticas, Serviço de Estrangeiros e Fronteiras (SEF)

O Brasil aparece como a segunda nacionalidade com maior número de aplicantes, ficando atrás apenas da China, o que pode ser justificado pelos diversos atrativos que a ARI possibilita:

a. Entrar em Portugal com dispensa de visto de residência;
b. Residir e trabalhar em Portugal, devendo, no mínimo, permanecer em Portugal por um período não inferir a 7 dias no primeiro ano e não inferior a 14 dias nos anos subsequentes;
c. Circular pelo Espaço *Schengen*[169], sem necessidade de visto;
d. Beneficiar de reagrupamento familiar;
e. Solicitar a concessão de Autorização de Residência Permanente nos termos da Lei de Estrangeiros (Lei nº23/2007, de 4 julho, com a atual redação);
f. Solicitar a aquisição da nacionalidade portuguesa, por naturalização, cumprindo os demais requisitos exigidos na Lei da Nacionalidade (Lei nº 37/81, de 3 outubro, com a atual redação).[170]

[169] COMISSÃO EUROPEIA. **Europa sem fronteiras: O Espaço Schengen.** "Atualmente, o Espaço Schengen abrange 26 países europeus (22 dos quais são Estados-Membros da União Europeia): Bélgica, República Checa, Dinamarca, Alemanha, Estónia, Grécia, Espanha, França, Itália, Letónia, Lituânia, Luxemburgo, Hungria, Malta, Países Baixos, Áustria, Polónia, Portugal, Eslovénia, Eslováquia, Finlândia e Suécia, assim como a Islândia, o Listenstaine, a Noruega e a Suíça. Fazer parte do espaço sem controlos nas fronteiras internas significa que estes países: • não efetuam controlos nas suas fronteiras internas (ou seja, nas fronteiras entre dois Estados Schengen); • efetuam controlos harmonizados, com base em critérios claramente definidos, nas suas fronteiras externas (ou seja, nas fronteiras entre um Estado Schengen e um Estado não Schengen). Consequentemente, tanto os cidadãos da União Europeia (UE) como os nacionais de países terceiros podem viajar livremente dentro do Espaço Schengen, só sendo objeto de controlo quando atravessem as suas fronteiras externas. A Bulgária, a Croácia, Chipre, a Irlanda, a Roménia e o Reino Unido são os Estados-Membros da União Europeia que não fazem, ou ainda não fazem, parte do Espaço Schengen. Isto significa que um voo proveniente de um desses Estados com destino a um Estado Schengen é considerado um voo externo e está sujeito a controlos fronteiriços. No entanto, os cidadãos da UE têm o direito de livre circulação quando viajam na União, independentemente de o país fazer ou não parte de Schengen. Quando chegam a um Estado da União Europeia não pertencente ao Espaço Schengen, os cidadãos da UE, em princípio, só são sujeitos a controlos mínimos para a verificação da sua identidade, com base nos documentos de viagem (passaporte ou bilhete de identidade)". Disponível em: https://ec.europa.eu/home-affairs/sites/homeaffairs/files/e-library/docs/schengen_brochure/schengen_brochure_dr3111126_pt.pdf. Acesso em: 04/10/2020.

[170] PORTUGAL. SERVIÇO DE ESTRANGEIROS E FRONTEIRAS (SEF). **Solicitar residência em Portugal. Residir em Portugal e reagrupar família. Artº 90º-A —**

7.2 Regime do não residente habitual (RNH)

O RNH foi criado em 2009 pelo Decreto-Lei 249[171] de 23 de setembro de 2009, é um regime diferenciado de tributação conferido aos solicitantes que se adequarem aos requisitos legais, válido pelo período de 10 anos, com uma tributação mais benéfica e instituído com o propósito de atrair profissionais de áreas consideradas com elevado valor agregado.

Como bem destaca Helena Magno:

> Repara-se que os residentes não habituais são considerados residentes, mas não são tributados exatamente como os residentes ("habituais"), beneficiando de opções que são vedadas aos demais residentes (cf artigo 16º, nºs, 6,7, 8 e 9 artigo 72º nº 6, CIRS), no que respeita à opção pelas taxas de tributação final e determinação de matéria coletável, o que se traduz numa discriminação positiva destas pessoas singulares.[172]

O Código do Imposto sobre o Rendimento das Pessoas Singulares em seu art. 16 que dispõe da seguinte forma:

> Artigo 16º Residência
>
> 1 — São residentes em território português as pessoas que, no ano a que respeitam os rendimentos:
>
> [...]
>
> 8 — Consideram-se residentes não habituais em território português os sujeitos passivos que, tornando-se fiscalmente residentes nos termos dos nºs 1 ou 2, não tenham sido residentes em território português em qualquer dos cinco anos anteriores.
>
> 9 — O sujeito passivo que seja considerado residente não habitual adquire o direito a ser tributado como tal pelo período de 10 anos con-

Autorização de residência para atividade de investimento. Disponível em: https://imigrante.sef.pt/solicitar/residir/art90-a/#:~:text=O%20regime%20de%20Autoriza%C3%A7%C3%A3o%20de,resid%C3%AAncia%20para%20entrar%20em%20territ%C3%B3rio. Acesso em: 04/10/2020.

[171] PORTUGAL. **Decreto-Lei nº 249/2009**. Aprova o Código Fiscal do Investimento. Diário da República nº 185/2009, Série I de 2009-09-23, Disponível em: https://dre.pt/application/conteudo/490420. Acesso em: 03/10/2020.

[172] MAGNO, Helena Gomes. **A residência fiscal das pessoas singulares**. Vida Econômica. 2019. Pág. 52, e-book.

> secutivos a partir do ano, inclusive, da sua inscrição como residente em território português.
>
> 10 — O sujeito passivo deve solicitar a inscrição como residente não habitual, por via eletrónica, no Portal das Finanças, posteriormente ao ato da inscrição como residente em território português e até 31 de março, inclusive, do ano seguinte àquele em que se torne residente nesse território. (Redação dada pelo Decreto-Lei nº 41/2016, de 1 de agosto) [..] [173]

Logo, a partir do dispositivo legal identifica-se os seguintes requisitos para aplicação ao regime:

i. Não ter sido residente fiscal em Portugal nos últimos 5 anos;
ii. Passar a ser residente fiscal em Portugal (permanência mínima de 183 dias em território)
iii. Apresentar o pedido de aplicação ao regime até 31 de março do ano seguinte ao que foi adquirida a condição de residente fiscal.

Além de conceder isenções por 10 anos sobre os rendimentos auferidos fora do território português[174], possui tratamento tributário diferenciado com alíquotas reduzidas a depender da natureza do rendimento.

Na tabela abaixo, Magno[175] demonstra de forma resumida e bastante elucidativa as principais características desse regime.

[173] PORTUGAL. **Lei nº 82-E/2014. Código do Imposto sobre o Rendimento das Pessoas Singulares.** Diário da República nº 252/2014, 2º Suplemento, Série I de 2014-12-31. Disponível em: https://dre.pt/web/guest/legislacao-consolidada/-/lc/141078385/202010040341/73864550/diploma/indice. Acesso em: 03/10/2020.

[174] Com exceção das pensões que caso não sejam tributadas no país de origem, serão tributadas em Portugal a alíquota de 10%.

[175] MAGNO, Helena Gomes. **A residência fiscal das pessoas singulares**. Vida Econômica. 2019. Pág. 53, e-book.

RESIDENTE NÃO HABITUAL (Artigo 16º, nºs 6 a 10, do Código do IRS) Regime criado pelo DL nº 249/2009, de 23-09, que aprovou o Código Fiscal do Investimento.	
REQUISITOS	✔ Tornar-se residente em Portugal ✔ Ter sido residente fora de Portugal nos 5 anos anteriores
FORMALISMOS	• Inscrição como residente não habitual, por via eletrónica, posteriormente ao ato da inscrição como residente; ou • Até 31 de março, inclusive, do ano seguinte àquele em que se torne fiscalmente residente
DIREITOS QUE ADQUIRE:	✔ Ser tributado à taxa de 20% ✔ Durante 10 anos consecutivos ✔ Rendimentos líquidos das categorias A e B ✔ Obtidos no exercício de atividade de elevado valor acrescentado (Portaria nº 12/2010, de 7/1) ✔ Possibilidade de optar pelo englobamento ✔ Aplicação do método da isenção para evitar a dupla tributação internacional como método regra

Fonte: Magno, 2017.

Quanto à tributação, o quadro comparativo abaixo elaborado por Ramalho[176] transmite com uma grande riqueza de informações, os detalhes inerentes a natureza dos rendimentos obtidos em Portugal e no Exterior e impactos fiscais sob o regime do RNH.

[176] RAMALHO, João Magalhães. **Viver em Portugal: Imigração e Tributação. Síntese dos principais aspectos.** In: TELLES ADVOGADOS. Outubro, 2020.

Rendimento	Fonte do Rendimento		Condições
	Em Portugal	No Exterior	
Salário	20% (ou taxas progressivas) + taxa adicional solidariedade + segurança social	Isento IRS + segurança social	**Salário obtido em Portugal**: a taxa reduzida de 20% só é aplicável no caso de rendimentos derivados de atividades de elevado valor acrescentado definidas pela Portaria 230/2019 de 23 de julho. Nos demais casos aplicam-se as taxas progressivas do IRS até 48%. Acresce sempre a taxa adicional de solidariedade **Salário obtido no exterior**: isento se efetivamente tributado no Estado da fonte. Nos demais casos aplica-se a taxa reduzida de 20% quando o salário resulte de atividades de elevado valor acrescentado, ou aplicam-se as taxas progressivas do IRS até 48%. Quando não isento, acresce sempre a taxa adicional de solidariedade
Pensões	Tributadas às taxas variáveis até 48% + taxa adicional solidariedade	Isento (para novos residentes até 1.4.2020) ou 10%	**Pensões obtidas no exterior**: desde que não sejam de considerar obtidas em Portugal (incluindo benefícios de pré-reforma e contribuições para planos de reforma)
Rendimento Empresarial (incluindo certos *royalties*)	20% (ou taxas progressivas) + taxa adicional solidariedade + segurança social	Isento IRS + segurança social	**Rendimento obtido em Portugal**: taxa reduzida de 20% só é aplicável no caso de rendimentos provenientes de atividades de elevado valor acrescentado. Nos demais casos aplicam-se as taxas progressivas do IRS até 48%. Acresce sempre a taxa adicional de solidariedade **Rendimento obtido no exterior**: isento apenas quanto (i) a prestações de serviço enquadráveis como atividades de elevado valor acrescentado, e (ii) certos *royalties*, desde que o rendimento seja potencialmente tributado no Estado da fonte à luz de convenção de dupla tributação celebrada por Portugal, ou da convenção Modelo OCDE e neste caso não tenham por fonte Portugal ou paraíso fiscal. Não estando isentos os rendimentos referidos em (i), aplica-se a taxa reduzida de 20% aos rendimentos de atividades de elevado valor acrescentado. Nos demais casos, os rendimentos são tributados às taxas progressivas do IRS até 48%. Quando não isentos, acresce sempre a taxa adicional de solidariedade
Royalties **Juros** **Dividendos** **Rendas** **Mais-Valias (Ganhos)**	28%	Isento IRS	**Rendimento obtido no exterior**: isento desde que o rendimento seja potencialmente tributado no Estado da fonte à luz de convenção de dupla tributação celebrada por Portugal, ou da convenção Modelo OCDE e neste caso não tenham por fonte Portugal ou paraíso fiscal

CONCLUSÕES

Ante o exposto, resta evidente a necessidade de planejamento emigratório com foco na organização patrimonial e análise dos impactos fiscais e regulatórios decorrentes da saída definitiva do Brasil.

Considerando o posicionamento mais recente do CARF, com as devidas ressalvas, ficou ainda mais explícita a necessidade de formalização adequada da saída do país como elemento essencial para limitação do poder de tributar do Fisco brasileiro e assim evitar questionamentos futuros sobre eventuais tributos não pagos.

Como decorrência da própria globalização, a transparência fiscal tem sido um elemento de forte cooperação entre os países por proporcionar amplos benefícios à comunidade internacional. Por esse motivo, não há como desconsiderar a necessidade de governança do indivíduo nos aspectos fiscais, ainda mais reforçada nesse cenário de observação constante.

Conhecimento, portanto, é fundamental para que sejam cumpridas todas as obrigações principais e acessórias no processo de emigração. Afinal, o vínculo de residência fiscal é algo extremamente relevante nesse contexto porque é através dele que surge o poder de tributar e a obrigação de reportar ao país em que há vinculação.

A organização do patrimônio deve considerar cada espécie de ativo, finalidade e contexto familiar, avaliação de custos e impactos sucessórios decorrente da pluralidade de jurisdições. E, somente após essa análise, efetivamente implementar a saída com segurança e tranquilidade em relação ao futuro.

Migrar é algo inerente à condição de humana de estar sempre em busca de melhores condições de vida e plenitude. A nossa sociedade é fruto de inúmeras migrações que ocorreram no passado e ainda permanecem, pelas mesmas razões.

Como toda mudança, sempre existem muitas dúvidas e incertezas pairando a cada tomada de decisão. Mas o planejamento tem o poder de tornar esse processo mais fluido e mais confortável, com riscos mensurados, estratégias de mitigação e clareza de cenários possíveis, trazendo mais conforto e previsibilidade a respeito do que esperar da nova vida no novo país de residência.

REFERÊNCIAS

ACCIOLY, Hildebrando CASELLA, Paulo Borba. E SILVA, G. E do Nascimento. **Manual de direito internacional público.** — 20. ed. — São Paulo: Saraiva, 2012.

ALVES, Jéssica. **É caro e difícil sair do País e manter investimento por aqui**. Estado de São Paulo. 13/11/2017. Disponível em: https://economia.estadao.com.br/noticias/seu-dinheiro,e-caro-e-dificil-sair-do-pais-e-manter-investimento-por-aqui,70002082111. Acesso em: 09/10/2020.

ATSUMI, Shirley. **Contas de domiciliados no exterior em moeda nacional e transferência internacional em reais.** Associação Brasileira de Câmbio (ABRACAM). Disponível em: https://www.abracam.com/abracam/imprensa/artigo_-_contas_de_domiciliados_no_exterior_em_moeda_nacional_e_transferencia_internacional_em_reais/45/. Acesso em: 08/07/2020

BANCO CENTRAL DO BRASIL. **RDE-IED (Registro Declaratório Eletrônico — Investimento Estrangeiro Direto)**. Manual do Declarante. Maio de 2020. Pág. 64. Disponível em: https://www.bcb.gov.br/content/estabilidadefinanceira/Documents/manuais_RDE/Manual-RDE-IED.pdf Acesso em: 09/07/2020.

BANCO CENTRAL DO BRASIL. **RDE-IED (Registro Declaratório Eletrônico — Investimento Estrangeiro Direto).** Manual do Declarante. Maio de 2020. Disponível em: https://www.bcb.gov.br/content/estabilidadefinanceira/Documents/manuais_RDE/Manual-RDE-IED.pdf. Acesso em: 09/07/2020.

BANCO CENTRAL DO BRASIL. **NOVO RDE-Portfolio (Registro Declaratório Eletrônico — Investimento Externo em Portfolio).**

Manual do Declarante. Novembro, 2019. Disponível em: https://www.bcb.gov.br/content/estabilidadefinanceira/Documents/manuais_RDE/Manual%20RDE-Portfolio.pdf. Acesso em: 09/07/2020.

BANCO CENTRAL DO BRASIL. **Sistema Financeiro Nacional (SFN)**. Disponível em: https://www.bcb.gov.br/estabilidadefinanceira/sfn. Acesso em: 20/09/2020

BANCO CENTRAL DO BRASIL. **CCS — Cadastro de Clientes do SFN Orientação sobre Produtos** — Fase I Versão 1.0.3. Disponível em: https://www.bcb.gov.br/Fis/CCS/CCS_Orienta%E7%E3oProdutos.pdfhttps://www.bcb.gov.br/Fis/CCS/CCS_Orienta%E7%E3oProdutos.pdf Acesso em: 08/09/2020.

BANCO CENTRAL DO BRASIL. **Cidadania Financeira. Série I- Relacionamento com o Sistema Financeiro Nacional.** Tipos de Contas Bancárias. Disponível em: https://www.bcb.gov.br/pre/pef/port/folder_serie_I_tipos_contas_bancarias.pdf. Acesso em: 09/07/2020.

BEN-HUR Carvalho Cabrera Mano Filho. **Tributação da Atividade Rural** (p. 32). Edições Almedina. Edição do Kindle.

BRASIL. Fundo Garantidor de Créditos. **Limitação da garantia até R$ 1 milhão**. Disponível em: https://www.fgc.org.br/garantia-fgc/fgc-nova-garantia. Acesso em: 27/09/2020

CAMPOS, Lucas Augusto Ponte. **Os elementos de conexão em Direito Tributário Internacional: Definindo o significado de "residência" para a pessoa física e contribuição do Direito Comparado**. Revista da Faculdade de Direito da Universidade de São Paulo v. 103 p. 877 — 889 jan./dez. 2008. Disponível em: http://www.revistas.usp.br/rfdusp/article/download/67832/70440/. Acesso em: 07/09/2020

CLARO, Carolina de Abreu Batista. **Do Estatuto do Estrangeiro à Lei de Migração: Avanços e Expectativas**. Boletim de Economia e Política Internacional | BEPI | n. 26 | Set. 2019/Abr. 2020. Disponível em: http://repositorio.ipea.gov.br/bitstream/11058/9820/1/BEPI_n26_Estatuto.pdf. Acesso em: 06/09/2020.

COMISSÃO EUROPEIA. **Europa sem fronteiras: O Espaço Schengen.** Disponível em: https://ec.europa.eu/home-affairs/sites/homeaffairs/files/e-library/docs/schengen_brochure/schengen_brochure_dr3111126_pt.pdf. Acesso em: 04/10/2020.

COMISSÃO DE VALORES MOBILIÁRIOS. **Convênio que entre si celebram a União, por intermédio da Secretaria da Receita Federal do**

Brasil (RFB), e a Comissão de Valores Mobiliários (CVM), objetivando a ampliação dos pontos de atendimento aos interessados na prática de atos relativos ao Cadastro de Pessoas Físicas (CPF). Disponível em: http://www.cvm.gov.br/export/sites/cvm/convenios/anexos/Receita-Federal.pdf. Acesso em: 19/09/2020.

COMISSÃO DE VALORES MOBILIÁRIOS. **SEI/CVM — 1036604-Convênio, 18 de junho de 2020**. Disponível em: http://www.cvm.gov.br/export/sites/cvm/convenios/anexos/SRF_CNPJ.pdf Acesso em: 20/09/2020

COMISSÃO DE VALORES MOBILIÁRIOS. **CVM e Receita Federal firmam convênio. Acordo prevê unificação de procedimentos e intercâmbio de informações**. Disponível em: http://www.cvm.gov.br/noticias/arquivos/2020/20200720-2.html#:~:text=O%20acordo%20prev%C3%AA%20a%20unifica%C3%A7%C3%A3o,cadastros%20de%20ambos%20os%20%C3%B3rg%C3%A3os. Acesso em: 20/09/2020.

COMISSÃO DE VALORES MOBILIÁRIOS. **CVM e Receita Federal firmam convênio. Acordo prevê unificação de procedimentos e intercâmbio de informações**. Disponível em: http://www.cvm.gov.br/noticias/arquivos/2020/20200720-2.html#:~:text=O%20acordo%20prev%C3%AA%20a%20unifica%C3%A7%C3%A3o,cadastros%20de%20ambos%20os%20%C3%B3rg%C3%A3os. Acesso em: 20/09/2020.

COMISSÃO DE VALORES MOBILIÁRIOS. **Direito do Mercado de Valores Imobiliários**. 1ª ed. Rio de Janeiro, 2017. Disponível em: https://www.investidor.gov.br/publicacao/LivrosCVM.html#DireitodoMercado. Acesso em: 30/09/2020.

CMN moderniza regra para contas de depósito em reais de residentes no exterior. **Jornal O Estado de São Paulo. E-investidor 30.07.2020**. Disponível em: https://einvestidor.estadao.com.br/ultimas-noticias/cmn-moderniza-regras-para-contas-de-deposito-em-reais-de-residentes-no-exterior. Acesso em: 27/09/2020.

CONSELHO MONETÁRIO NACIONAL. **Exposição de motivos — Resolução CMN nº 4.852, de 27 de agosto de 2020. Voto 233/2020–BCB, de 19 de agosto de 2020**. Disponível em: https://www.bcb.gov.br/pre/normativos/busca/downloadVoto.asp?arquivo=/Votos/CMN/202091/Voto_0912020_CMN.pdf. Acesso em 04/10/2020.

DA CRUZ, Gisela Sampaio. LGOW, Carla Wainer Chalréo. PERES, Tatiana Bonatti (org.). **Notas sobre a administração das sociedades limitadas. Temas Relevantes de Direito Empresarial** (Tatiana Bonatti Peres). Lumen Juris, Rio de Janeiro: 2014. Disponível em: https://www.bmalaw.com.br/arquivos/Artigos/11-09-NOTAS_SOBRE_A_ADMINISTRACAO_DAS_SOCIEDADES_LIMITADAS.PDF. Acesso em: 09/07/2020.

DEL'OLMO, Florisbal de Souza. JAEGER Jr., Augusto. **Curso de direito internacional privado**. 12ª. ed. rev., atual. e ampl. — Rio de Janeiro: Forense, 2017, pág. 202 (ebook).

DURÃO, Mariana. **Brasil está entre países com maior fuga de milionários: 2 mil saíram em 2017.** BBC News Brasil, 27/08/2018. Disponível em: https://www.bbc.com/portuguese/geral-45303739. Acesso em: 12/01/2020

FAMILY SEARCH. Organização da história da família sem fins lucrativos. Disponível em: https://www.familysearch.org/pt/. Acesso em: 04/10/2020.

FRANCA FILHO, Marcílio Toscana. **Princípios da tributação internacional sobre a renda.** Disponível em: https://www2.senado.leg.br/bdsf/bitstream/handle/id/334/r137-08.pdf?sequence=4.Acesso em 29/06/2020.

GUERRA, Sidney. **Alguns aspectos sobre a situação jurídica do não nacional no Brasil: Da Lei do Estrangeiro à Nova Lei de Migração**. Direito em Debate. Revista do Departamento de Ciências Jurídicas e Sociais da UNIJUI. Ano XXVI nº 47, jan.-jun. 2017 — ISSN 2176-6622, págs. 90-112. Disponível em: https://www.revistas.unijui.edu.br/index.php/revistadireitoemdebate. Acesso em: 06/09/2020.

G'ERARD, Marcel. GRANELLI, Lucia. **From the EU Savings Directive to the US FATCA, Taxing Cross Border Savings Income**. Institut de Recherches Économiques et Sociales de l'Université catholique de Louvain. Discussion Paper 2013-7. Disponível em: https://dial.uclouvain.be/pr/boreal/object/boreal:127003/datastream/PDF_01/view
Acesso em: 20/04/2020.

GRADVOH, Michel André Bezerra Lima. **Análise e crítica da jurisprudência do STJ sobre o início do prazo decadencial para constituição de crédito de Tributos sujeitos ao lançamento por homologação**. Disponível em: http://www.auditece.org.br/attachments/article/18008/ARTIGO%20MICHEL%20GRADVOHL%20-%20REVISTA%20SUPERIOR.pdf. Acesso em: 06/07/2020.

ITAMARATY. **O Brasil no G-20.** Disponível em: http://www.itamaraty.gov.br/pt-BR/politica-externa/diplomacia-economica-comercial-e-financeira/15586-brasil-g20. Acesso em 13/09/2020

JUNQUEIRA, Lavínia. SARAIVA, Telirio. **Tributação e saída definitiva do país**. Valor Econômico. 15/09/2016. Disponível em: https://valor.globo.com/legislacao/noticia/2016/09/15/tributacao-e-saida-definitiva-do-pais.ghtml Acesso: 09/07/2020.

MAGNO, Helena Gomes. **A residência fiscal das pessoas singulares**. Vida Econômica Editorial: 2019. Pág. 52, e-book.

MAZZUOLI, Valerio de Oliveira. **Curso de direito internacional privado** — 4. ed. — Rio de Janeiro: Forense, 2019.

MINISTÉRIO DA JUSTIÇA E SEGURANÇA PÚBLICA. **Uma Introdução às migrações Internacionais no Brasil Contemporâneo**. Módulo 4. Disponível em: https://www.justica.gov.br/seus-direitos/refugio/anexos/apostila-modulo-4.pdf/view. Acesso em 06/09/2020

MINISTÉRIO DAS RELAÇÕES EXTERIORES. **Privilégios e Imunidades de Missões Diplomáticas**. Disponível em: http://www.itamaraty.gov.br/pt-BR/representacoes-diplomaticas-estrangeiras-no-brasil/18169-acordos-internacionais. Acesso em: 15/01/2020

MINISTÉRIO DAS RELAÇÕES EXTERIORES. Portal Consular. **Procurações.** Disponível em: http://www.portalconsular.itamaraty.gov.br/outros-servicos/tema-3/procuracoes. Acesso em: 27/09/2020.

MINISTÉRIO DAS RELAÇÕES EXTERIORES. **Consulado-Geral do Brasil em Lisboa**. **Modelos De Procuração.** Disponível em: http://cglisboa.itamaraty.gov.br/pt-br/:::_modelos.xml. Acesso em: 27/09/2020.

OECD (2018), **Standard for Automatic Exchange of Financial Information in Tax Matters — Implementation Handbook** — Second Edition, OECD, Paris. http://www.oecd.org/tax/exchange-of-tax-information/implementation-handbook-standard-for-automatic-exchange-offinancial-account-information-in-tax-matters.htm. Acesso em: 20/06/2020.

OCDE. **Modelo da Convenção Fiscal sobre o Rendimento e o Património**. Disponível em: https://info.portaldasfinancas.gov.pt/pt/informacao_fiscal/convencoes_evitar_dupla_tributacao/convencoes_tabelas_doclib/Documents/CDT_Modelo_OCDE.pdf. Acesso em: 07/09/2020.

OBSERVADOR. **Portugal teve maior recessão em 40 anos em 2012.** Disponível em: https://observador.pt/2015/03/26/portugal-teve-maior-em-recessao-em-40-anos-em-2012/#:~:text=Em%20tr%C3%AAs%20anos%20de%20recess%C3%A3o,cerca%20de%206%2C6%25. Acesso: 09/07/2020.

PEREIRA JR, Dorival Guimarães. **American dream ou presente de grego? Os riscos da bitributação dos brasileirinhos nascidos nos EUA.** Disponível em: https://www.migalhas.com.br/depeso/291423/american-dream-ou-presente-de-grego-os-riscos-da-bitributacao-dos-brasileirinhos-nascidos-nos-eua#:~:text=Isso%20porque%20os%20EUA%20adotam,sua%20renda%20ou%20possuam%20investimentos. Acesso em: 07/09/2020.

PORTUGAL. **Arquivo Nacional Da Torre Do Tombo.**
Disponível em: http://antt.dglab.gov.pt/pesquisar-na-torre-do-tombo/. Acesso em: 04/10/2020.

PORTUGAL. COMUNIDADE ISRAELITA DE LISBOA (CIL). **Nacionalidade Portuguesa.**
Disponível em: https://cilisboa.org/concess%C3%A3o-da-nacionalidade-portuguesa/. Acesso em 04/10/2020.

PORTUGAL. MINISTÉRIO DA JUSTIÇA. **Como obter nacionalidade portuguesa — Nasceu no estrangeiro e é neto de um português.** Disponível em: https://justica.gov.pt/Como-obter-nacionalidade-portuguesa/Nasceu-no-estrangeiro-e-e-neto-de-um-portugues. Acesso em: 04/10/2020.

PORTUGAL. MINISTÉRIO DA JUSTIÇA. **Como obter a nacionalidade portuguesa — É casado ou vive em união de facto com um português há mais de 3 anos.** Disponível em: https://justica.gov.pt/Como-obter-nacionalidade-portuguesa/E-casado-ou-vive-em-uniao-de-facto-com-um-portugues-ha-mais-de-3-anos#Documentos%20necess%C3%A1rios. Acesso em: 04/10/2020.

PORTUGAL. CONSULADO GERAL DE PORTUGAL EM SÃO PAULO. **Requerimento de nacionalidade portuguesa por União Estável (União de Fato).** Disponível em: https://consuladoportugalsp.org.br/requerimento-de-nacionalidade-portuguesa-por-uniao-de-facto/. Acesso em 04/10/2020.

PORTUGAL. CONSULADO GERAL DE PORTUGAL EM SÃO PAULO. **Visto de residência para aposentados ou titulares de rendimentos**

— **D7.** Disponível em: https://consuladoportugalsp.org.br/visto-de-residencia-para-aposentados-ou-titulares-de-rendimentos/. Acesso em 04/10/2020

PORTUGAL. INSTITUTO DE APOIO ÀS PEQUENAS E MÉDIAS EMPRESAS E À INOVACÃO — IAPMEI. **Start Up Visa.** Disponível em: https://www.iapmei.pt/Paginas/StartUP-Visa-pt.aspx. Acesso em 09/07/2020.

PORTUGAL. SERVIÇO DE ESTRANGEIROS E FRONTEIRAS (SEF). ARI — **Autorização de Residência para Atividade de Investimento**. Disponível em: https://www.sef.pt/pt/pages/conteudo-detalhe.aspx?nID=62. Acesso em: 04/10/2020

PORTUGAL. SERVIÇO DE ESTRANGEIROS E FRONTEIRAS (SEF). **Solicitar residência em Portugal. Residir em Portugal e reagrupar família. Artº 90º-A — Autorização de residência para atividade de investimento.** Disponível em: https://imigrante.sef.pt/solicitar/residir/art90-a/#:~:text=O%20regime%20de%20Autoriza%C3%A7%C3%A3o%20de,resid%C3%AAncia%20para%20entrar%20em%20territ%C3%B3rio. Acesso em: 04/10/2020.

RAMALHO, João Magalhães. **Viver em Portugal: Imigração e Tributação. Síntese dos principais aspectos**. In: TELLES ADVOGADOS. Outubro, 2020.

RECEITA FEDERAL. **Acordo Brasil/EUA permitirá troca de informações sobre contribuintes**. Disponível em: http://receita.economia.gov.br/noticias/ascom/2015/agosto/acordo-brasil-eua-permitira-troca-de--informacoes-sobre-contribuintes
Acesso em: 21/06/2020.

RECEITA FEDERAL. **1945 A 1963 — A Consolidação do Imposto. Declaração de Saída Definitiva do País**. Disponível em: https://receita.economia.gov.br/sobre/institucional/memoria/imposto-de-renda/historia/1944-a-1963-a-consolidacao-do-imposto. Acesso em: 06/07/2020.

RECEITA FEDERAL. **Declaração de Saída Definitiva — Orientações Gerais**. Disponível em: http://receita.economia.gov.br/interface/cidadao/irpf/2020/declaracao/declaracao-de-saida-definitiva. Acesso em: 01/07/2020.

RECEITA FEDERAL. Sistema Público de Escrituração Digital. **e-Financeira — O que é**. Disponível em: http://sped.rfb.gov.br/pagina/show/1499. Acesso em: 20/09/2020.

RECEITA FEDERAL. **Orientações Gerais CSDP Multiexercício.** Disponível em: http://receita.economia.gov.br/orientacao/tributaria/declaracoes-e-demonstrativos/dirpf/comunicacao-de-saida-definitiva-do-pais/orientacoes-gerais
Acesso em: 01/07/2020.

RECEITA FEDERAL. **Multa por atraso na entrega.** Disponível em:http://receita.economia.gov.br/interface/cidadao/irpf/2020/declaracao/multa-por-atraso-na-entrega. Acesso em: 06/07/2020.

RECEITA FEDERAL. **Perguntas e Respostas — Imposto sobre a Renda da Pessoa Física 2020**. Ministério da Economia. Secretaria Especial da Receita Federal. Disponível em: https://receita.economia.gov.br/interface/cidadao/irpf/2020/perguntao/p-r-irpf-2020-v-1-0-2020-02-19.pdf . Acesso em 19/09/2020.

RECEITA FEDERAL. **FATCA — Primeira troca**. Ministério da Economia. Secretaria da Receita Federal. Disponível em: http://receita.economia.gov.br/orientacao/tributaria/auditoria-fiscal/fatca-primeira-troca.pdf. Acesso em: 13/09/2020.

RECEITA FEDERAL. **Receita Federal publica comentários sobre a implementação do Padrão de Declaração Comum (Common Reporting Standard — CRS)**. Disponível em: https://receita.economia.gov.br/noticias/ascom/2018/fevereiro/receita-federal-publica-comentarios-sobre-a-implementacao-do-padrao-de-declaracao-comum-common-reporting-standard-crs
Acesso: 20/06/2020.

RECEITA FEDERAL. **Receita fala sobre diferença entre valores declarados e arrecadados no RERCT**. Disponível em: http://www.fazenda.gov.br/noticias/2016/novembro/receita-fala-sobre-diferenca-entre-valores-declarados-e-arrecadados-no-rerct. Acesso em: 01/07/2020.

RECEITA FEDERAL. **IRPF — Comunicação de Saída Definitiva do País**. Disponível em: http://www.csdp.receita.fazenda.gov.br/csdp/pages/comunicacao/controle-comunicacao.xhtml;jsessionid=kXVpkQ7uuGapTv-nKzjExUel. Acesso em: 20/09/2020.

RECEITA FEDERAL. **Segunda etapa do RERCT permitiu regularização de R$ 4,6 bilhões de ativos no exterior**.
Disponível em: http://idg.receita.fazenda.gov.br/noticias/ascom/2017/agosto/segunda-etapa-do-rerct-permitiu-regularizacao-de-r-4-6-bilhoes-de-ativos-no-exterior. Acesso em: 01/07/2020.

SCHUERI, Luis Eduardo. GALENDI JUNIOR, Ricardo Andre. **Transparência Fiscal e Reciprocidade nas Perspectivas Interna e Internacional.** *IN:* ROCHA, Valdir de Oliveira (coord). **Grandes questões atuais do direito tributário**, 19º volume. São Paulo: Dialética, 2015. Disponível em: https://schoueri.com.br/wp-content/uploads/2020/10/LES-e-RAJ-Transpare%CC%82ncia-e-Reciprocidade.pdf. Acesso em: 20/12/2020.

Seis em cada 10 jovens pensam em deixar o Brasil para morar no exterior. Revista Época Negócios, publicada em 23/06/2018. Disponível em: https://epocanegocios.globo.com/Vida/noticia/2018/06/seis-em-cada-10-jovens-pensam-em-deixar-o-brasil-para-morar-no-exterior.html. Acesso em: 12/01/2020

SILVA, G. E. do Nascimento. CASELLA, Paulo Borba. BITTENCOURT NETO, Olavo de Oliveira. **Direito Internacional Diplomático: Convenção de Viena sobre Relações Diplomáticas na Teoria e na Prática**. 4. ed. rev., atual. e ampl. — São Paulo : Saraiva, 2012, pág. 367.

UNIÃO EUROPEIA. Rede Judiciária Europeia (em matéria civil e comercial). **Informações gerais — Portugal.** Disponível em: https://e-justice.europa.eu/content_succession-166-pt-pt.do#toc_3. Acesso em 27/09/2020.

XAVIER, Alberto. **Direito Tributário Internacional do Brasil.** 7ª ed. Rio de Janeiro: Forense, 2010.

Referências jurisprudenciais

BRASIL. Conselho Administrativo de Recursos Fiscais (CARF). **Acórdão nº 2301-007.136.** Relator: Cleber Ferreira Nunes Leite. Data da Sessão: 04.03.2020. Disponível em: https://carf.fazenda.gov.br/sincon/public/pages/ConsultarJurisprudencia/listaJurisprudenciaCarf.jsf Acesso em: 25/09/2020.

BRASIL. Conselho Administrativo de Recursos Fiscais (CARF). **Acórdão nº 2201-004.737**. Relator: Marcelo Milton da Silva Risso. Data da Sessão: 03.10.2018. Disponível em: http://carf.fazenda.gov.br/sincon/public/pages/ConsultarJurisprudencia/listaJurisprudenciaCarf.jsf. Acesso em: 25/09/2020

BRASIL. Conselho Administrativo de Recursos Fiscais (CARF). **Acórdão nº 2802-002.914**. Relator(a): Jaci de Assis Junior. Data da Sessão:

16.07.2014. Disponível em: http://carf.fazenda.gov.br/sincon/public/pages/ConsultarJurisprudencia/listaJurisprudenciaCarf.jsf. Acesso em: 25/09/2020.

RECEITA FEDERAL. **Solução de Consulta Cosit nº 07, de 27 de janeiro de 2020**. Ministério da Fazenda. Secretaria da Receita Federal. Disponível em: http://normas.receita.fazenda.gov.br/sijut2consulta/link.action?visao=anotado&idAto=107040. Acesso em 12/09/2020.

RECEITA FEDERAL. **Solução de Consulta Nº 91 — Cosit, de 21 de março de 2019**. Coordenação Geral de Tributação. Disponível em: http://normas.receita.fazenda.gov.br/sijut2consulta/anexoOutros.action?idArquivoBinario=51797Acesso em: 16/01/2020

RECEITA FEDERAL. **Solução de Consulta Cosit nº 169, de 26 de dezembro de 2016**. Ministério da Fazenda. Secretaria da Receita Federal. Disponível em: http://normas.receita.fazenda.gov.br/sijut2consulta/anexoOutros.action?idArquivoBinario=42745. Acesso em 12/09/2020.

RECEITA FEDERAL. **Solução de Consulta Cosit nº 33, de 26 de fevereiro de 2015**. Ministério da Fazenda. Secretaria da Receita Federal. Disponível em: http://normas.receita.fazenda.gov.br/sijut2consulta/link.action?visao=anotado&idAto=64364. Acesso em: 12/09/2020.

RECEITA FEDERAL. **Solução de Consulta Cosit nº 128 de 01 de junho de 2015.** Ministério da Fazenda. Secretaria da Receita Federal. Disponível em: http://sijut2.receita.fazenda.gov.br/sijut2consulta/link.action?visao=anotado&idAto=64913. Acesso em: 12/09/2020.

RECEITA FEDERAL. **Solução de Consulta nº 19 — Cosit, 4 de novembro de 2013**. Disponível em: http://normas.receita.fazenda.gov.br/sijut2consulta/link.action?visao=anotado&idAto=48505 Acesso em: 16/01/2020.

RECEITA FEDERAL. **Solução de Consulta Cosit nº 19, de 04 de novembro de 2013**. Ministério da Fazenda. Secretaria da Receita Federal. Disponível em: http://normas.receita.fazenda.gov.br/sijut2consulta/link.action?visao=anotado&idAto=48505. Acesso em 12/09/2020.

RECEITA FEDERAL. **Solução de Consulta Nº 163 de 17 de Julho de 2013**. Superintendência Regional da Receita Federal, 8ª Região Fiscal Disponível em: http://normas.receita.fazenda.gov.br/sijut2consulta/anexoOutros.action?idArquivoBinario=44676. Acesso em: 16/01/2020.

RECEITA FEDERAL. **Solução de Consulta SRRF/7ª RF/DISIT nº 18, de 27 de janeiro de 2005.** Ministério da Fazenda. Secretaria da Receita

Federal. Disponível em: http://decisoes.fazenda.gov.br/netacgi/nph-brs?s10=&s9=NAO+DRJ/$.SIGL.&n=-DTPE&d=DECW&p=9&u=/netahtml/decisoes/decw/pesquisaSOL.htm&r=172&f=G&l=20&s1=&s6=SC+OU+DE&s3=18&s4=&s5=&s8=&s7=. Acesso em: 12/09/2020.

RECEITA FEDERAL. **Solução de Consulta Nº 18, de 27 de janeiro de 2005**. Superintendência Regional da Receita Federal, 7ª Região Fiscal Disponível em: http://decisoes.fazenda.gov.br/netacgi/nph-brs?s10=&s9=NAO+DRJ/$.SIGL.&n=-DTPE&d=DECW&p=9&u=/netahtml/decisoes/decw/pesquisaSOL.htm&r=172&f=G&l=20&s1=&s6=SC+OU+DE&s3=18&s4=&s5=&s8=&s7=. Acesso em: 16/01/2020.

RECEITA FEDERAL. **Solução de Consulta SRRF/7ª RF/DISIT Nº 259, de 23 de setembro de 2003**. Ministério da Fazenda. Secretaria da Receita Federal. Disponível em: http://decisoes.fazenda.gov.br/netacgi/nph-brs?s10=@DTPE+%3E=+20000101+%3C=+20031231&s9=NAO+DRJ/$.SIGL.&n=-DTPE&d=DECW&p=1&u=/netahtml/decisoes/decw/pesquisaSOL.htm&r=1&f=G&l=20&s1=&s3=259&s4=&s5=saida+definitiva&s8=&s7=. Acesso em 12/09/2020.

Referenciais legais e normativas

BRASIL. **Constituição da República Federativa do Brasil de 1988**. Disponível em: http://www.planalto.gov.br/ccivil_03/constituicao/constituicao.htm. Acesso em: 20/06/2020.

BRASIL. **Lei nº 13.105, de 16 de março de 2015. Código de Processo Civil**. Disponível em: http://www.planalto.gov.br/ccivil_03/_ato2015-2018/2015/lei/l13105.htm. Acesso em: 27/09/2020.

BRASIL. Lei nº 5.172, de 25 de outubro de 1966. Código Tributário Nacional. Dispõe sobre o Sistema Tributário Nacional e institui normas gerais de direito tributário aplicáveis à União, Estados e Municípios. Disponível em: http://www.planalto.gov.br/ccivil_03/leis/l5172compilado.htm. Acesso em: 20/06/2020.

BRASIL. **Lei nº 6.404, de 15 de dezembro de 1976. Dispõe sobre a sociedade por ações**. Disponível em: http://www.planalto.gov.br/ccivil_03/leis/l6404consol.htm. Acesso em: 12/09/2020.

BRASIL. **Lei nº 4.131, de 3 de setembro de 1962**. Disciplina a aplicação do capital estrangeiro e as remessas de valores para o exterior e dá outras providências. Disponível em: http://www.planalto.gov.br/ccivil_03/leis/L4131.htm. Acesso em: 16/01/2020.

BRASIL. **Lei nº 13.445 de 24 de maio de 2017. Institui a Lei de Migração.** Palácio do Planalto Presidência da República, Brasília, DF, 24 maio, 2017. Disponível em: http://www.planalto.gov.br/ccivil_03/_ato2015-2018/2017/lei/l13445.htm. Acesso em 12/09/2020.

BRASIL. **Lei nº 6.815 de 19 de agosto de 1980. Estatuto do Estrangeiro.** (Revogada) Define a situação jurídica do estrangeiro no Brasil, cria o Conselho Nacional de Imigração. Palácio do Planalto Presidência da República, Brasília, DF, 19 ago. 1980. Disponível em: http://www.planalto.gov.br/ccivil_03/leis/L6815.htm. Acesso em: 16/01/2020

BRASIL. **Decreto nº 9.580, de 22 de novembro de 2018**. Regulamenta a tributação, a fiscalização, a arrecadação e a administração do Imposto sobre a Renda e Proventos de Qualquer Natureza. Disponível em: http://www.planalto.gov.br/ccivil_03/_ato2015-2018/2018/decreto/D9580.htm. Acesso em: 13/09/2020.

BRASIL. **Decreto nº 8506/2015**.Promulga o Acordo entre o Governo da República Federativa do Brasil e o Governo dos Estados Unidos da América para Melhoria da Observância Tributária Internacional e Implementação do FATCA, firmado em Brasília, em 23 de setembro de 2014. Disponível em: http://www.planalto.gov.br/ccivil_03/_ato2015-2018/2015/decreto/D8506.htm Acesso em 15/06/2020.

BRASIL. **Decreto nº 56.435, de 8 de Junho de 1965**. Promulga a Convenção de Viena sobre Relações Diplomáticas. Palácio do Planalto Presidência da República, Brasília, DF, 08 jun. 1965. Disponível em: http://www.planalto.gov.br/ccivil_03/decreto/Antigos/D56435.htm. Acesso em: 13/09/2020.

BRASIL. **Decreto-Lei Nº 4.657, de 4 de setembro de 1942. Lei de Introdução às normas do Direito Brasileiro** (Redação dada pela Lei nº 12.376, de 2010). Disponível em: http://www.planalto.gov.br/ccivil_03/decreto-lei/del4657compilado.htm. Acesso em: 27/09/2020.

BANCO CENTRAL DO BRASIL. **Circular Nº 3.691/13**. Disponível em: https://www.bcb.gov.br/pre/normativos/circ/2013/pdf/circ_3691_v1_O.pdf

Disponível em: https://www.bcb.gov.br/Rex/RMCCI/Ftp/RMCCI.pdf. Acesso em: 09/07/2020.

BANCO CENTRAL DO BRASIL. **Circular nº 3.795 de 16/6/2016.** Dispõe sobre os Censos Anual e Quinquenal de Capitais Estrangeiros no País. Disponível em: https://www.bcb.gov.br/pre/normativos/busca/downloadNormativo.asp?arquivo=/Lists/Normativos/Attachments/50213/Circ_3795_v1_O.pdf. Acesso em: 26/09/2021.

BANCO CENTRAL DO BRASIL. **Resolução nº 4.373, de 29 de setembro de 2014**. Dispõe sobre aplicações de investidor não residente no Brasil nos mercados financeiro e de capitais no País e dá outras providências. Disponível em: https://www.bcb.gov.br/pre/normativos/busca/downloadNormativo.asp?arquivo=/Lists/Normativos/Attachments/48650/Res_4373_v1_O.pdf. Acesso em: 02/10/2020.

BRASIL. **Resolução CMN nº 4.844, de 30 de Julho de 2020**. Altera a Resolução nº 3.568, de 29 de maio de 2008, que dispõe sobre o mercado de câmbio, em relação à prestação de informação sobre as movimentações em contas de depósito em reais de pessoas físicas ou jurídicas residentes, domiciliadas ou com sede no exterior. Diário Oficial da União. Publicado em: 03/08/2020 | Edição: 147 | Seção: 1 | Página: 54. Órgão: Ministério da Economia/Banco Central do Brasil. Disponível em: https://www.in.gov.br/en/web/dou/-/resolucao-cmn-n-4.844-de-30-de-julho-de-2020-269961515. Acesso em: 27/09/2020.

COMISSÃO DE VALORES MOBILIÁRIOS. **Instrução CVM nº 539, de 13 de novembro de 2013, com as alterações introduzidas pelas Instruções CVM nº 554/14, 593/17 E 604/18.** Dispõe sobre o dever de verificação da adequação dos produtos, serviços e operações ao perfil do cliente. Disponível em: http://www.cvm.gov.br/export/sites/cvm/legislacao/instrucoes/anexos/500/inst539consolid.pdf. Acesso em: 30/09/2020.

PORTUGAL. **ACORDO ENTRE A REPÚBLICA PORTUGUESA E OS ESTADOS UNIDOS DA AMÉRICA PARA REFORÇAR O CUMPRIMENTO FISCAL E IMPLEMENTAR O FOREIGN ACCOUNT TAX COMPLIANCE ACT (FATCA)**, assinado em Lisboa, em 6 de agosto de 2015. . Disponível em https://dre.pt/home/-/dre/75105953/details/maximized?serie=I&dreId=75105929. Acesso em: 20/06/2020

PORTUGAL. **Lei nº 37/81. Lei de Nacionalidade**. Diário da República nº 228/1981, Série I de 1981-10-03. Versão Consolidada com alterações posteriores. Disponível em: https://dre.pt/web/guest/legislacao-consolidada/-/lc/34536975/diploma?_LegislacaoConsolidada_WAR_drefrontofficeportlet_rp=diploma&page=1. Acesso em: 04/10/2020.

PORTUGAL. **Lei Orgânica nº 2/2020**, de 10 de novembro. Nona alteração à Lei nº 37/81, de 3 de outubro, que aprova a Lei da Nacionalidade.

Diário da República nº 219/2020, Série I de 2020-11-10, Série I. Disponível em: https://data.dre.pt/eli/leiorg/2/2020/11/10/p/dre. Acesso em: 20/12/2020.

PORTUGAL. **Decreto Lei nº 237-A/2006, de 14 de dezembro. Regulamento da Nacionalidade Portuguesa**. Aprova o Regulamento da Nacionalidade Portuguesa e introduz alterações no Regulamento Emolumentar dos Registos e Notariado, aprovado pelo Decreto-Lei nº 322-A/2001, de 14 de Dezembro. Com as seguintes alterações: Contém as seguintes alterações: DL nº 43/2013, de 01 de Abril; DL nº 30-A/2015, de 27 de Fevereiro, e; DL nº 71/2017, de 21 de Junho. Disponível em: https://justica.gov.pt/Portals/0/Guias/Regulamento%20nacionalidade.pdf?ver=2017-08-29-144516-000. Acesso em: 20/12/2020.

PORTUGAL. MINISTÉRIO DA JUSTIÇA. **Decreto-Lei nº 30-A/2015 de 27 de fevereiro**. Procede à segunda alteração ao Regulamento da Nacionalidade Portuguesa, aprovado pelo Decreto -Lei nº 237-A/2006, de 14 de dezembro, alterado pelo Decreto-Lei nº 43/2013, de 1 de abril, permitindo a concessão da nacionalidade portuguesa, por naturalização, a descendentes de judeus sefarditas. Diário da República, 1ª série — Nº 41 — 27 de fevereiro de 2015. Disponível em: https://dre.pt/application/conteudo/66619927. Acesso em: 04/10/2020.

PORTUGAL. **Despacho Normativo nº 4/2018. Diário da República**, 2ª série — Nº 24 — 2 de fevereiro de 2018. Disponível em: https://www.iapmei.pt/getattachment/Paginas/StartUP-Visa-pt/StartUP-Visa_Despacho-Normativo_4_2018-pdf.pdf.aspx?lang=pt-PT. Acesso em: 04/10/2020.

PORTUGAL. **Decreto-Lei nº 249/2009**. Aprova o Código Fiscal do Investimento. Diário da República nº 185/2009, Série I de 2009-09-23, Disponível em: https://dre.pt/application/conteudo/490420. Acesso em: 03/10/2020.

PORTUGAL. **Decreto-Lei nº 14/2021, de 12 de fevereiro.** Altera o regime jurídico de entrada, permanência, saída e afastamento de estrangeiros do território nacional. Diário da República nº 30/2021, Série I de 2021-02-12, Páginas 21 a 24. Disponível em: https://data.dre.pt/eli/dec-lei/14/2021/02/12/p/dre. Acesso em: 26/09/2021

PORTUGAL. **Lei nº 82-E/2014. Código do Imposto sobre o Rendimento das Pessoas Singulares**. Diário da República nº 252/2014, 2º Suplemento, Série I de 2014-12-31. Disponível em: https://dre.pt/web/

guest/legislacao-consolidada/-/lc/141078385/202010040341/7386455 0/diploma/indice. Acesso em: 03/10/2020.

RECEITA FEDERAL. **Instrução Normativa 208/2002.** Dispõe sobre a tributação, pelo imposto de renda, dos rendimentos recebidos de fontes situadas no exterior e dos ganhos de capital apurados na alienação de bens e direitos situados no exterior por pessoa física residente no Brasil e dos rendimentos recebidos e dos ganhos de capital apurados no País por pessoa física não-residente no Brasil. Disponível em: http://normas.receita.fazenda.gov.br/sijut2consulta/link.action?visao=anotado&idAto=15079. Acesso em 27/09/2020.

RECEITA FEDERAL. **Instrução Normativa RFB nº 1571/2015.** Dispõe sobre a obrigatoriedade de prestação de informações relativas às operações financeiras de interesse da Secretaria da Receita Federal do Brasil (RFB). Disponível em: http://normas.receita.fazenda.gov.br/sijut2consulta/link.action?idAto=65746&visao=anotado#:~:text=IN%20RFB%20N%C2%BA%201571%20%2D%202015&text=Disp%C3%B5e%20sobre%20a%20obrigatoriedade%20de,Federal%20do%20Brasil%20(RFB). Acesso em: 20/06/2020.

RECEITA FEDERAL. **Instrução Normativa RFB Nº 1500/14**. Dispõe sobre normas gerais de tributação relativas ao Imposto sobre a Renda das Pessoas Físicas. Art. 33: No caso de rendimentos de aluguéis de imóveis recebidos por residentes ou domiciliados no exterior, compete ao seu procurador a retenção do imposto mediante aplicação da alíquota de 15% (quinze por cento), observado o disposto no art. 31. Disponível em: http://normas.receita.fazenda.gov.br/sijut2consulta/link.action?visao=anotado&idAto=57670#:~:text=de%201999%2C%20resolve%3A-,Art.,das%20Pessoas%20F%C3%ADsicas%20(IRPF). Acesso em: 20/09/2020.

RECEITA FEDERAL. **Instrução Normativa RFB Nº 1037**, de 04/06/2010. Relaciona países ou dependências com tributação favorecida e regimes fiscais privilegiados. Disponível em: http://normas.receita.fazenda.gov.br/sijut2consulta/link.action?idAto=16002&visao=anotad. Acesso em: 27/09/2020.

RECEITA FEDERAL. **Ato Declaratório Interpretativo RFB nº 1, de 18 de janeiro de 2016.** Dispõe sobre a incidência do imposto sobre a renda nas aplicações financeiras de titularidade de pessoa física que adquire a condição de não residente. Disponível em: http://normas.receita.

fazenda.gov.br/sijut2consulta/link.action?idAto=71017&visao=anotado. Acesso em: 27/09/2020.

Obras complentares

INTERNAL REVENUE SERVICE (IRS). **Summary of FATCA Reporting for U.S. Taxpayers.** Disponível em: https://www.irs.gov/businesses/corporations/summary-of-fatca-reporting-for-us-taxpayers. Acesso em: julho/2020.

INTERNAL REVENUE SERVICE (IRS). **FATCA Information for Individuals**. Disponível em: https://www.irs.gov/businesses/corporations/fatca-information-for-individuals. Acesso em: julho/2020.

MARTINS, Flávio. **Curso de direito constitucional.** 4ª ed. — São Paulo: Saraiva Educação, 2020. 1628 p.

MENDES, Valter Nuno. **Incentivos ao Investimento Estrangeiro. O Regime Fiscal do Residente Não Habitual e a Autorização de Residência para Atividade de Investimento — Vistos Dourados (Golden Visa).** Disponível em: https://recipp.ipp.pt/bitstream/10400.22/6609/1/DM_ValterMendes_2015.pdf. Acesso em 22/09/2019.

MESQUITA, Raquel. **Portugal o novo "paraíso fiscal" para os estrangeiros — regime fiscal dos residentes não habituais e os golden visas.** Disponível em:https://repositorio.ucp.pt/bitstream/10400.14/16607/1/Tese%20Raquel%20Mesquita.pdf. Acesso em: 09/09/2019.

NORONHA, Luis Guilherme Fernandes Rosa. **A Saída Definitiva Da Pessoa Física Residente No Brasil: Aspectos Tributários E Regulatórios**. Monografia apresentada ao Curso de LL.M. em Direito Tributário do Insper. Disponível em: http://dspace.insper.edu.br/xmlui/bitstream/handle/11224/2522/LUIZ%20GUILHERME%20FERNANDES%20ROSA%20NORONHA_trabalho.pdf?sequence=1. Acesso em: 01/07/2020.

RAMOS, Maria Inês Fernandes. **Tributação do Residente não Habitual em sede de Imposto sobre o Rendimento das Pessoas Singulares — Análise Comparativa entre Portugal, Espanha e Reino Unido.** Disponível em: https://comum.rcaap.pt/bitstream/10400.26/21099/1/Maria_Ramos.pdf. Acesso em: 22/09/2019.

SHACHAR, Ayelet. Citzenship for sale?. Chapter 35. The Oxford Handbook of Citenzehip. ectronic copy available at: https://ssrn.com/abstract=3185561. Acesso em 22/09/2019.